上海市高校法学高原学科环境资源法建设项目
教育部人文社会科学研究项目《碳排放转移的国际防范与法律应对》（编号13YJC820036） 资助
湖南省教育厅科学研究项目《气候公平视角下的碳泄漏法律防范机制研究》（编号14A009） 资助

U0822707

LEGAL REGULATION ON CARBON LEAKAGE IN THE NEW ERA:
IT'S THEORETIC LOGIC AND REALIZATION

姜明 著

新时代背景下碳泄漏的法律规制：理论逻辑与实现路径

中国法制出版社
CHINA LEGAL PUBLISHING HOUSE

“环境资源法学丛书”
总　序

我校环境法学科在“十一五”期间被上海市教委列为重点学科，在上海市教委的资助下出版了系列学术著作和教材。在“十二五”开局之年，经专家评审，上海市教委批准，我校环境法学科被列入上海高等教育内涵建设“085”工程建设项目，建设周期五年，包括环境法重点学科建设项目和城市环境安全知识创新平台建设项目两个子项目。2012年，我校环境法学科被列入上海市高校一流学科（上海市重点学科）法学建设规划项目，建设周期五年。该学科以环境资源法理论和实践为总体建设方略，注重与相关学科的交叉与融合，下设环境保护法、自然资源法、能源法、海洋法、环境健康法、灾害防治法、循环经济法、国际环境法、房地产法、环境资源经济（金融）法、环境资源行政法、环境资源犯罪、环境社会学、生态哲学14个方向。根据总体建设方略，该学科在“十二五”期间，成果形式除课题和论文外，计划出版系列环境法专著和教材。期盼学术界同人和广大读者提出批评和建议，帮助我们把这套丛书出好。

王文革
2013年1月

序

全球气候变暖是人类共同面临的巨大挑战，维护气候安全是国际社会的共同目标。国际社会为推进气候变化应对举措作出了不懈努力。《联合国气候变化框架公约》是世界上第一个为全面控制二氧化碳等温室气体排放，应对全球气候变暖给人类经济和社会带来不利影响的国际公约。《联合国气候变化框架公约》就应对气候变化的目标、原则、各方的权利和义务做了相对原则的规定，为各国共同应对气候变化、积极参与国际合作提供了一个基本框架。《联合国气候变化框架公约》明确规定，根据共同但有区别责任原则和各自能力原则，发达国家应率先采取行动应对气候变化及其不利影响，“将大气中温室气体浓度稳定在防止气候系统受到危险的人为干扰水平”，并向发展中国家提供资金、转让技术和能力建设。《联合国气候变化框架公约》承认发展中国家的优先目标是发展经济和消除贫困，为实现发展其能源消耗和由此产生的温室气体排放也将有合理的增长，因此发展中国家不需要承担约束性减排义务，但要在可持续发展框架内采取有利于应对气候变化的政策措施。发展中国家在多大程度上履行公约规定的义务取决于发达国家履行提供资金和转让技术义务的程度。

1997 年 12 月，在日本京都召开的《联合国气候变化框架公约》缔约方第三次会议通过了旨在限制发达国家温室气体排放量以抑制全球变暖的《京都议定书》，为《联合国气候变化框架公约》设立了具体的减排方案，是确保《联合国气候变化框架公约》得以实施的重要法律文件。《京都议定书》为发达国家设立了从2008年到2012年第一承诺期量化的温室气体减排指标，确定了发达国家率先减排的长效机制。从《联合国气候变化框架公约》到《京都议定书》，发达国家和发展中国家之间确立了减排责任分担的基本格局。

但是，发达国家对于中国等发展中国家不承担强制减排责任一直不满，试图通过国际贸易措施来维护自身利益，"碳泄漏"成为发达国家指责减排政策存在区域差异性的理由，声称碳泄漏抵消了减排效果，造成了减排国家的产业竞争力下降，并试图以此为由，为单边贸易措施寻找合法性。碳泄漏问题的应对，既与气候变化相关，也是国家间贸易利益之争，既是贸易与环境的问题，也是国家间的政治和经济利益博弈。从发达国家单边贸易措施的表现形式看，虽然各种对进口的限制措施大都表现为以保护环境为目的，但实际上是发达国家希望通过环境规制实现对贸易活动的影响。事实上，贸易与环境的相互影响和协调问题一直被国际社会所关注，并被纳入WTO多边谈判议题。

《巴黎协定》后，中国在全球气候治理中的角色和定位已经发生改变，中国应对气候变化的重点已经从国际谈判战略规划的制定，转向建立高效合理的监督管理体系。2015年11月，习近平主席在气候变化巴黎大会开幕式上的讲话提出，中国将于2030年左右使二氧化碳排放达到峰值并争取尽早实现，2030年单位国内生产总值二氧化碳排放比2005年下降60%－65%，非化石能源占一次能源消费比重达到20%左右，森林蓄积量比2005年增加45亿立方米左右。这既是中国在国际气候合作中展现的大国担当，也是国内社会经济建设可持续发展的客观要求。

在碳泄漏的问题上，中国作为发展中国家，利益立场不同于发达国家。发达国家声称的竞争力受损，是指国内减排措施导致高排放产业转移到发展中国家；这对于发展中国家来说，却未必是"福利”，其实质是污染的转移。中国经过改革开放以来的快速经济发展，生态环境问题日益突出，能源和资源“瓶颈”不断凸显，节能减排、发展低碳经济是必然选择。中国的发展，应该是可持续的发展，而不是成为“污染的天堂”。

本书围绕碳泄漏问题，展开了以下几个方面的分析和探讨。

第一，关于碳排放权的探讨与碳泄漏的关系。碳排放权的概念，与大气环境容量有关，是伴随气候变化的科学理论研究发展起来的。随着人类越来越多的利用和排放需求，大气环境容量成为稀缺资源，而基于全球大气环境的整体性、流动性等自然属性，一国排放温室气体的行为不可能不对其他国家产生影响，尽管国家对本国自然资源和一切经济活动拥有完全的永久主权，但权利的行使不应致使别国利益受到损害，包括别国对大气环境资源享有的利益。因此，国际法意义上碳排放权概念出现了，通过签订国际条约，在对国家主权实现有限让渡的基础上，发达国家基于历史责任，应承担更多的减排责任。发展中国家在共同但有区别的责任原则基础上，其生存权和发展权应受保护，发展中国家享有的碳排放权具有正当性和合理性。

第二，碳泄漏与碳壁垒的关系。碳泄漏能否成为碳壁垒的正当性理由？发达国家总是试图通过援引 WTO 中的环境例外规则，来获得采取碳壁垒措施的正当性依据。但是，在我们讨论国际环境问题，特别是考察应对气候变化时，不能忽略背后密切相连的国家利益问题。发达国家在国际分工和国际贸易中居于绝对优势地位，而发展中国家受制于落后的社会生产力水平，在国际分工中并没有更多的选择权。在很大程度上，发展中国家的产业结构不是由发展中国家自己决定的，而是受制于发达国家；发展中国家当前备受指责的高排放水平，是由现有产业结构决定的。因此，如果打着环境保护的旗号，对发展中国家的产品设置碳壁垒、实施单边贸易措施，会造成事实上的不公平，也有违 WTO 协议的初衷。

第三，中国的低碳发展与法治化建设。2015年，《巴黎协定》确立了2020年后以国家自主贡献为主体的国际应对气候变化机制，全球气候治理的理念确定为低碳绿色发展。一方面，中国必定会践行承诺，履行大国责任，承担一定的减排责任；另一方面，中国加快低碳发展、完善绿色法治建设，既是气候变化国际合作的要求，更是中国经济可持续发展的必然选择。

作者在湖南大学法学院攻读博士学位期间，我曾担任其导师。她多年来持续关注国际投资与贸易中的环境法律问题，博士论文以来华投资的跨国公司为研究对象，探讨如何运用法律手段规制跨国公司的环境行为，以及跨国公司如何承担环境责任的问题。2013年以来，她进入中国社会科学院法学研究所从事博士后工作，在关注气候变化法的基础上，继续围绕贸易与环境问题，深入分析碳泄漏背后的深层次法律问题，在对碳排放权进行理论分析的基础上，分别从国际法和国内法的角度提出了应对碳泄漏的对策建议。这本著作不仅是作者主持的教育部人文社科项目的最终成果，也是作者多年坚持学术研究的积淀。多年来发达国家以碳泄漏为由，对中国的碳排放水平和减排努力横加指责，本书的问世，算是一个很好的回应，有利于透过碳泄漏的现象，看到发达国家和发展中国家利益博弈的本质。

欣闻姜明副教授的专著《新时代背景下碳泄漏的法律规制：理论逻辑与实现路径》即将付梓，十分高兴，特作此序为贺。我相信读者能够从该书获得许多收获和启迪，并祝愿她在环境法学研究道路上继续前进、勇于开拓，取得更多的成绩。

蔡守秋

2018年10月8日

目录
Contents

导　论

历次气候变化国际谈判的博弈进程表明，全球应对政策最终都要落实为一系列经济权利的分配公约，国家间如何分配减排责任更是各国参与国际谈判的核心议题之一，《京都议定书》中规定第一承诺期（2008—2012 年）的减排目标只针对发达国家和经济转轨国家（即附件 I 国家），非附件 I 国家未承担具体的减排义务，这样的减排责任分配对世界经济格局和国际贸易关系都将产生深远的影响。

在经济全球化的今天，国家和地区间减排政策的差异性可以导致碳密集型产业的区域生产成本差异，甚至成为碳密集型产业由严格减排政策国家流向宽松减排政策国家的动因之一。西方发达国家认为：因严格减排政策导致的生产成本差异将削弱本国相关产业的竞争力，碳密集型产业的流动还将导致减排效果被抵消，故而将其称为“碳泄漏（Carbon Leakage）”，其实质就是一种区域间的碳排放转移 。

探讨碳排放转移问题，是基于气候变化的大背景之下，直接与气候变化的国际应对相联系，因此，有必要就气候变化命题做一个简单的梳理，厘清对气候变化法律应对的不同看法，在此基础上，分析论述就碳排放转移展开法律应对研究的必要性和紧迫性。

一、气候变化是个“伪命题”？

关于气候变化是否确实存在，科学上一直存在争议。① 自政府间气候变化委员会（以下简称 IPCC）发布的《第三次评估报告》以来的研究进展表明，可辨别的人类活动影响超出了平均温度的范畴，这些影响已扩展到了气候的其他方面，报告的第二章就气候变暖得出了如下结论：“过去 50 年观测到的大部分变暖可能是由于温室气体浓度增加”。② 可辨别的人类活动影响超出了平均温度的范畴，这些影响已扩展到了气候的其他方面，其中包括温度极值和风场。③ 过去 30 年以来，人为变暖可能在全球尺度上已对在许多自然和生物系统中观测到的变化产生了可辨别的影响。④

但是，作为结论的主要科学依据受到了质疑，如 McIntyre S. 和 McKitrickren R. 认为，结论依据的千年温度变化曲线所采用的数据资料及分析方法有问题；⑤ Soon W. 等人则认为由于中世纪暖期与小冰期的普遍存在，因此 20 世纪不可能是近千年最暖的时候。⑥ 不同的观点所引发的争议从来没有停止过，更为激烈的反对观点认为目

---

① 王绍武、罗勇、赵宗慈等：《关于气候变暖的争议》，载《自然科学进展》2005 年第 8 期。

② IPCC, *limate Change* 2001: *Mitigation Working Group III*, *IPCC 3rd Assessment Report*, 2001, WGI 9.4, SPM.

③ Ibid., WGI 9.4, 9.5, SPM.

④ Ibid., WGII 1.4, SPM.

⑤ McIntyre S., McKitrick R., *Corrections to the Mann et al.* (1998) *proxy data base and Northern Hemispheric average temperature series*, Energy and Environment, 2003, 14 (6), pp. 751 – 771.

⑥ Soon W, Baliunas S, Idso C, et al., *Reconstructing climatic and environmental changes of the past* 1000 *yesrs*: *Peapptaisal*, Energy and Environment, 2003, 14 (2, 3), pp. 233 – 296.

前气候根本没有变暖。① 如美国有学者认为：地球气候呈现波动变化的周期，人类对气候的影响微不足道，气候变暖是一个毫无由来的恐慌。瑞典地质学家兼物理学家尼尔斯——阿克塞尔·默纳明确表示，气候变暖导致海平面上升是世纪谎言，② 他带领专家小组前往马尔代夫和图瓦卢进行考察，结果证实马尔代夫的海平面 50 年来没有上升，图瓦卢甚至比数十年前更低，他们还发现亚得里亚海的水位并没有上升，只是水城威尼斯正在陆沉而已。还有的历史研究也认为，被视为变暖证据的天气现象，如炎热、严寒、洪水、干旱等都在过去几百年甚至上千年历史中出现。

特别是在 2009 年哥本哈根气候变化会议召开前夕，气候变化“阴谋论”再一次被热议。据称，黑客侵入了英国气候专家的电脑，从上千封研究人员的内部邮件中可以看出，气象专家们的研究并不严肃，甚至篡改对气候变化结论不利的数据，刻意向公众隐瞒部分不支持气温升高的数据，直指人类活动影响气候的观点，是一场精心设计的谎言和欺骗！在国内，基于气候变化委员会发布的 IPCC 第四次报告相关数据和科学结论遭受质疑。例如：气候变化研究一般需要以 30 年平均值作为基准态，但 IPCC 报告是以 15 年作为一个分析周期。还有一些人抛出了气候变化“阴谋论”，担心气候变化是发达国家制约发展中国家的阴谋，在新能源投资领域，由于发展前景的不明朗，很多人还联想到美苏当年的星球大战，怀疑发达国家提出气候变化、低碳经济是为了抑制发展中国家的快速发展，甚至拖垮中国经济。美国国内也有类似的观点：气候变化是欧洲用来制约美国的阴谋论，美国退出《京都议定书》的理由之一，就是有关全球变暖的结论缺乏确凿的科学证据。

---

① Singer S F., Human contribution to climate change remains questionable, *EOS Transactions* 01 (1999): pp. 183 – 187.

② 中国新闻网：《瑞典学者：气候变暖导致海平面上升是世纪谎言》，2009 年 3 月 30 日。

面对质疑，坚持气候变暖说的科学家们为考证天气变化与人为活动之间的联系做了大量研究，在接下来 IPCC 完成的第四次评估报告和 2013 年的第五次评估报告中，研究结论一次比一次更充分有力地证明了全球气候变暖与人类活动的内在联系，关于气候变化影响和对策的科学认识有了长足的发展。

IPCC 在第四次评估报告中称：从全球平均气温和海洋温度升高、大范围积雪和冰融化、全球平均海平面逐渐上升的观测中可以看出，气候系统变暖是明显的，按照温室气体的 100 年全球变暖潜势（GWP）加权计算，1970 年至 2004 年期间全球温室气体年排放总量已经增长了 70%。由于人为排放，目前大气中氧化亚氮的浓度远远超出工业化前几千年中的浓度值，而甲烷和二氧化碳浓度则远远超出过去 65 万年的自然范围。在 IPCC 第五次评估报告中，气候变暖说得到了更多量化的科学数据的证实。例如，在海洋增暖方面，第四次评估报告的评价是：1961 年以来，海洋变暖所吸收热量占地球气候系统热能储量的 80% 以上；而在第五次评估报告中，1971 年至 2010 年间海洋变暖所吸收热量占地球气候系统热能储量的 90% 以上，几乎确定的是，海洋上层（0 米至 700 米）已经变暖。与此同时，1979 年至 2012 年，北极海冰面积以每 10 年 3.5% 至 4.1% 的速度减少；自 20 世纪 80 年代初以来，大多数地区多年冻土层的温度已升高，升温速度因地区的不同而不同。

2015 年，全球大气二氧化碳平均浓度突破 400ppm，全球大气甲烷平均浓度达到 1845ppb，氧化亚氮平均浓度为 328.0ppb。由于海洋吸收了约 30% 人类活动排放的二氧化碳，海洋酸化现象趋重。

2016 年 8 月，世界气象组织（World Meteorological Organization，以下简称 WMO）发布《2015 年全球气候状况声明报告》，这份报告采用了各 WMO 计划和各联合发起的计划采集的现场和空间观测结果以及数值客观分析。这些观测值即已由全球气候观测系统（GCOS）所定义的基本气候变量（ECV），支撑这一评估的国际资料集中由与

WMO 合作的先进的气候资料、监测和研究中心维护。报告指出：2015 年全球平均近地表气温与以往平均气温有明显的差值，大约比 1961—1990 年平均水平高 0.76 ±0.09℃，比 1850—1900 年时期高约 1℃，是有记录以来最高的，在所有有人类居住的大陆上均是如此。全球海面平均气温和海平面平均高度也均超过了 2014 年创下的纪录。二氧化碳平均浓度比 2014 年高百万分之 3.1，是 58 年来最大的年度增加值。极端降雨在一些情况下造成特大洪水和严重干旱，热带风暴等极端天气。

尽管气候变暖说不断得到科学佐证，但目前的科学研究水平还难以“量化界定”气候系统受到危险的人为干扰的水平。历年的 IPCC 研究报告并未否认关于气候变化某种程度的“不确定”（uncertainty）性可能存在。① IPCC 第四次评估报告采用了“气候变化很可能（very likely，95% 以上可能性）是由观测到的人为温室气体浓度增加所导致”② 这样的措辞。“很可能”意味着人类活动与气候变暖之间存在联系，是有“确凿发现（Robust findings）”的，③ 即沿用当前的气候变化减缓政策和相关的可持续发展做法，未来几十年内全球温室气体排放将继续增长。IPCC 第五次评估报告中继续采用了“很可能”之说，称人类活动很可能导致了 20 世纪 50 年代以来的大部分（50% 以上）全球地表平均气温升高。其中，温室气体在 1951 年至 2010 年间可能贡献了 0.5℃至 1.3℃。在一系列情景模式下，相对于 1986 年至 2005 年，全球地表平均气温在 2016 年至 2035 年将升高 0.3℃至 0.7℃，2081 年至 2100 年将升高 0.3℃至 4.8℃。到 2100

① 赵宗慈、王绍武：《从 IPCC AR4 得到的启示》，载《中国气象报》2009 年 9 月 15 日。

② IPCC.，*Summary for policymakers of climate change* 2007：*the physicalscience basis. Contribution of working group I to the fourth assessment report of the Intergovernmental Panel on Climate Change*，Cambridge，UK：Cambridge University Press，2007.

③ “确凿发现”被定义为：那些在各种方法、模式和假设情况下都成立的发现，并预计相对而言这些发现不受不确定性的影响。

年地球温度可能上升超过2℃，这是各国政府承诺保持的临界值。

尽管气候变化的影响已经有越来越多的科学佐证，“不确定性”（uncertainty）仍然不可否认，基础数据来源的不确定性客观存在①也是不可否认的事实，正如2006年发布的《斯特恩报告》所称：气候变化的后果目前尚不能准确预测，但从人们现在已经掌握的信息可知，人类活动带来的各种排放物质，存在着不确定的环境风险。气候变化真伪命题之辩看似是一个科学问题，但围绕这一命题是否需要各国之间展开国际合作，是否需要在国家层面开展制度设计，则成为一个法律问题甚至政治问题

二、争论背后：各国减排承诺的博弈

在“气候变暖说”最终取得“政治上的正确性”的基础上，国际社会为推进气候变化应对举措做出了不懈的努力。《联合国气候变化框架公约》（以下全书简称《公约》）是第一个以全面控制温室气体排放、应对气候变暖为宗旨的国际公约，《公约》围绕气候变化可能给人类社会带来不利影响的问题，对应对目标、原则以及各方的权利和义务都做出了规定，为各国共同面对气候变化、积极参与国际合作提供了一个基本框架。《公约》明确规定：根据共同但有区别责任原则和各自能力原则，发达国家应率先采取行动应对气候变化及其不利影响，“将大气中温室气体浓度稳定在防止气候系统受到危险的人为干扰水平”，并向发展中国家提供资金、转让技术和能力建设。《公约》承认发展中国家的优先目标是发展经济和消除贫困，为实现发展其能源消耗和由此产生的温室气体排放也将有合理的增长，

---

① IPCC第四次评估报告中列举了一系列关键的不确定性，如平衡气候敏感性的不确定性、碳循环反馈的不确定性等，各种模式对于气候系统不同反馈强度的估算也存在相当大的差异，特别是云反馈、海洋热吸收和碳循环反馈，虽然在这些领域已经取得了进展。参见WGI 7.3，8.1－8.7，9.6，10.2，10.4 10.7，SPM；WGII 4.4。

因此发展中国家不需要承担约束性减排义务，但要在可持续发展框架内采取有利于应对气候变化的政策措施。发展中国家在多大程度上履行公约规定的义务取决于发达国家履行提供资金和转让技术义务的程度。

1997 年 12 月，《公约》缔约方第三次会议在日本京都召开，此次会议通过了在应对气候变化问题上具有里程碑意义的《京都议定书》，这份重要的国际法律文件明确要求发达国家为抑制全球变暖应做出实际行动，限制温室气体排放量，并且为《公约》设立了具体的减排方案，以确保《公约》得以实施。《京都议定书》为发达国家设立了第一承诺期（2008—2012 年）量化的温室气体减排指标，发展中国家则没有强制性减排义务，仅重申他们在《公约》下已承担的义务。议定书还规定，发达国家应在 2012 年后的第二个承诺期内建立谈判机制，通过协商进一步确定具体承担的减排指标。可见，《京都议定书》确定的是发达国家率先减排的长效机制，从《公约》到《京都议定书》，发达国家和发展中国家之间确立了减排责任分担的基本格局。《京都议定书》的成就毫无疑问，但在如何履约和落实发达国家责任上，却遭遇了困境，美国的退出给全球减排行动蒙上了阴影。

2007 年 12 月，联合国气候变化大会在印度尼西亚巴厘岛召开，标志着新一轮气候变化国际谈判启动，会议的主要成果是“巴厘路线图”（Bali Roadmap）出台。尽管是《京都议定书》具体方案的落实，但是发达国家和发展中国家之间的分歧也更为凸显，按照“巴厘路线图”的要求，一方面，《京都议定书》中的附件 I 国家有义务履行承诺，兑现 2012 年以后的大幅度减排的量化指标；另一方面，非附件 I 国家也应在《公约》下采取应对气候变化的措施，特别是所有发达国家缔约方都要按照“可测量、可报告、可核实”的标准履行温室气体减排责任，这一规定实际是将已经宣布退出《京都议定书》的美国纳入进来。

但接下来，被寄予厚望的哥本哈根气候大会最终没能达成一个“具有法律约束力的文件”，不论是公开宣布退出的美国，还是其他承诺减排的发达国家，都对发展中国家不需要承担确定的减排任务耿耿于怀，表现为继续承担更为严格的减排义务的意愿不足，在讨论发展中国家的减缓行动问题上，立场日趋强硬。

从2010年坎昆会议到2012年德班会议，国际社会在落实巴厘路线图谈判方面取得了一些阶段性成果，坚持了“共同但有区别”的责任原则，国际社会在应对气候变化问题上进一步达成共识，“低碳发展战略”概念被正式接受。尽管各国承认经济及社会发展和消除贫困是发展中国家面临的首要和压倒一切的优先任务，并同意开展合作，但五大核心争议问题已经无法回避，即长期目标、减排承诺、适应措施，资金支持和技术转让。

在气候变化问题上各国的态度及利益博弈，反映出各自从国家利益出发的不同考虑，国家间经济、地理和气候条件情况差异很大，对气候变化可能给本国带来的影响存在不同的认识，也不排除有的国家抱着“或许与我关系不大”的侥幸心理，对采取法律应对的必要性认识不足。

三、“不确定性”与法律应对的必要性

国际气候谈判推进的基础，是科学界就气候变化的影响、适应和减缓方面的科学评估信息，这些信息是促成政治决策和体制机制安排的理由。在关于气候变暖结论之下，IPCC的评估报告从来也不否认结论中存在“不确定性”，如在“关键的不确定性”部分中，报告指出：在一些区域，气候资料的覆盖率仍然有限。在已有的观测资料和数据系统文献方面，还存在区域不平衡问题，特别是发展中国家明显缺乏资料和文献。① 对极端事件（包括干旱、热带气旋、极端温度、降水频率和强度）变化的分析和监测要比计算气候平均值更加困难，因为需要具有更高时空分辨率的更长的资料时间

① Ibid.，WGI SPM；WGII 1.3，SPM.

序列①（报告中的不确定性包括但不限于前述情况）。

何谓“不确定性”呢？不同的学科有不同的解释，在语言学上，不确定性是对确定性的否定，确定性指的是一种明确的、肯定的性质或状态；而不确定性是一种不明确、不确定的性质或状态。而从科学技术的角度来看，《英汉技术词典》对 uncertainty 的解释是：（1）不定（性，度，因素），易变，不可靠（性），不精确（性），误差，测不准；（2）不清楚，不确知，不确定（的事情），有疑问的事情。迄今为止的气候变化研究成果表明，人类活动对于环境造成的影响在危害性质、严重程度以及因果关系等方面还存在不确定性，但是对环境造成危害是确定无疑的，这种危害与不确定性并存，就是人类面临的环境风险。科学上的不确定性放到法律面前，就必须作出一个非此即彼的选择，法律作为调整人们行为的规范必须提供确定的指引，即指引出哪些行为是合法的，哪些是违法的，哪些必须征得有关机关的同意。在气候变化的法律应对问题上，决策者们需要在“是”与“否”之间作出抉择。而风险预防可以作为前述“不确定性”立法的指导思想和基本原则。

风险预防原则②于 20 世纪 60 年代在德国被提出，之后一系列保护海洋的国际文件对这一概念加以采纳，关于这一原则最有代表性的阐述可追溯到《里约宣言》的原则 15：“为保护环境，各国应依据本国的能力适用预防措施（即本文的风险防范措施），在可能有严重或不可逆转损害的威胁时，不得以缺乏科学充分确实证据为理由，延迟采取符合成本效益的措施以防止环境恶化。”由此，各国不得以缺乏充分的科学确定性作为延迟采取减缓措施的理由。由于国际条

① Ibid.，WGI 3.8，SPM.

② 国内学者对 precautionary measures 的翻译不一致：有的称之为风险预防原则；有的称之为预防原则；有的称之为警惕原则；还有的称之为预防和预警原则，参见唐双娥：《环境法风险防范原则研究：法律与科学的对话》，高等教育出版社 2003 年版，第 136 页。

约对风险防范原则规定的措辞都类似《里约宣言》原则15，因而在缺乏该原则同一的定义的情况下，常常将《里约宣言》原则作为一般的参考,①,《公约》第3条出台也是以此为基础，强调："各缔约方应当采取预防措施（precautionary measures），预测、防止或尽量减少引起气候变化的原因，并缓解其不利影响。当存在造成严重或不可逆转的损害的威胁时，不应当以科学上没有完全的确定性为理由推迟采取这类措施……"

这一阐述显然表达了一种"宁可信其有不可信其无"的思想，既然存在对人类生存环境不可预知的风险，就必须采取应对措施，何况环境遭受了影响和损害已是确定无疑的事实。或者可以更进一步，即使气候变化对人类生存环境的影响还有待进一步证实，但是节能、减排、降耗本身就是当前人类解决环境问题的不二选择。

因此从这个意义上说，气候变化是真命题也好，伪命题也罢，都不影响人类采取积极应对行动的决策，对此问题的研究还将继续深入发展，科学上的"不确定性"不能成为减缓采取应对气候变化措施的理由。站在法学研究者的立场上，气候变化是否存在这一议题本身，并不影响我们探讨如何应对人类活动产生的越来越多的碳排放问题，以及节能减排问题。未来环境资源、能源的法律制度建设和完善，在气候变化法律应对的层面，可能的环境风险将给人类生存造成巨大威胁，所以采取科学的措施减少这种不确定的环境风险确有必要。从这个意义上来说，法律、政策制定者们无须过分纠结气候变化是"真命题"抑或"伪命题"，只要已知的科学数据比较充分地证明了气候变暖，就要对此采取积极的应对措施。即使气候变化可能是一个"伪命题"，但减少温室气体排放、节约能源等措施，确将有利于减缓人类活动对环境的影响，以当今世界环境和资源现状而言，无疑是极为必要的

---

① 参见唐双娥：《环境法风险防范原则研究：法律与科学的对话》，高等教育出版社2003年版，第137页。

第一章　碳泄漏法律规制的基本范畴

第一节　碳泄漏的内涵与外延

一、碳泄漏的产生及其概念

人类进入20世纪以后，经济增长几乎是各国各地区发展的唯一目标，世界经济也得到了前所未有的高速发展。人类在享受丰硕的物质成果的同时，也面临着全球气候变暖、环境污染与能源危机等威胁人类生存与发展的重要问题。20世纪80年代以后，经济全球化更加加剧了人类生存环境的恶化，尤其是二氧化碳过量排放导致全球气候变暖，为此全球范围内开始关注并控制温室气体的排放。1992年，《公约》（即《联合国气候变化框架公约》）在美国纽约联合国总部通过，《公约》旨在控制大气中二氧化碳、甲烷和其他造成"温室效应"的气体的排放，将温室气体的浓度稳定在使气候系统免遭破坏的水平上。1997年12月，联合国气候大会在日本京都举行，此次会议旨在落实《公约》的目标及原则，确定一个具有法律约束力的、具体可实施的温室气体的减排目标和期限，以使发达国家更有效地降低温室气体的排放量，应对全球气候变暖的严峻形势。经过激烈和艰难的谈判磋商，通过了具有里程碑意义的《京都议定书》。《京都议定书》明确要求发达国家承担强制减排义务，并制定了量化减排方式，2008年至2012年全球主要工业国家必须将温室气体排放量在1990年水平基础上平均削减5.2%。

由于《京都议定书》只给负有减排义务的国家制定了减排目标，不均衡的减排义务引发经济成本的不同，在国际贸易机制下，这些负有减排义务的国家采取对外投资、产业转移、扩大进口等方式减少国内生产产生的碳排放，但是如果投资、产业转移的目标国是不负有减排义务的国家，或者进口产品来自不负有减排义务的国家，那么实际上又增加了不负有减排义务国家的碳排放。这种因承担强制减排义务的国家采取减排措施而导致没有强制减排义务的国家碳排放总量增加的现象，就被称为碳泄漏。

虽然大多数人关注碳泄漏是从《京都议定书》设置的国际强制减排机制形成开始的，但是碳泄漏现象却早已伴随着国际贸易而产生。1995年《联合国气候变化框架公约》缔约方第一届会议在德国柏林国际会议中心闭幕，会议通过了《柏林授权书》等文件，要求各缔约方进行谈判，以通过量化目标和规定时限进行减排，并决定不得为发展中国家增加任何新义务。授权书认为现有《公约》所规定的义务是不充分的，一致同意立即开始一个谈判“进程”，就2000年后应该采取何种适当的行动来保护气候进行磋商，以期最迟于1997年签订一项议定书，议定书应明确规定在一定期限内发达国家所应限制和减少的温室气体排放量。1997年11月，柏林授权特设小组在其工作报告中首次提出了碳泄漏（carbon leakage）的概念。①把因实施对除《蒙特利尔议定书》所规制的温室气体之外的温室气体采取排放限制措施而导致的排放密集活动向不实施排放限制措施的国家转移的现象界定为碳泄漏。联合国政府间气候变化专门委员会（IPCC）《第三次评估报告：气候变化2001》将碳泄漏“定义为

① Ad Hoc Group On The Berlin Mandate: Information Submitted By Parties On Possible Criteria For Differentiation. 1997 - 11 - 21. http://unfccc.int/cop3/resource/docs/1997/agbm/misc03a2.html.

由于（《京都议定书》）附件 B 国家实施减排而造成的非附件 B 国家排放的增加，表示为附件 B 国家减排量”的百分比。”① 基于此定义，可以将碳泄漏的概念界定为，承担减排义务的国家采取的减排行动导致不承担减排义务的国家增加排放的现象。

二、碳泄漏的本质

人类进入工业文明以后，对能源动力和产品有着更多的需求，大量能源密集型产业应运而生，生产要素也因人类的需求在不同国家和区域之间进行重新分配与流动，与之相伴的，是大量的碳排放转移。早期人类只注重生产力的发展，碳泄漏也仅仅作为国际贸易和投资的衍生物，并未得到重视。随着人类生存环境的不断恶化，碳泄漏现象开始被环境组织所提出并呼吁各国关注。但直到《京都议定书》的生效，碳泄漏才真正引起国际社会的集中关注并引发了巨大的争议。这是因为《京都议定书》为附件 I 国家设置了强制减排义务，而非附件 I 国家却暂时不需要承担强制减排义务，这就直接影响到各国的切身利益。为此，发达国家与发展中国家在国际气候合作和国际贸易中不断进行利益博弈，由环境问题逐渐引发了国际政治经济问题。有学者就指出，“所谓环境问题，即如何防止碳泄漏，降低全球碳排放的问题；而所谓国际政治经济问题，即发达国家以防止碳泄漏为名实施碳关税等边境限制措施、过分夸大和渲染碳泄漏，威胁发展中国家的生存和发展权的问题。”② 2015 年，这种不对称减排机制被《巴黎协定》中的“自主贡献 + 定期盘点”的减排模式所代替。③ 在

---

① IPCC《第三次评估报告：气候变化 2001》，中文版第 27 页。http：//www. ipcc. ch/home_ languages_ main_ chinese. Shtml.

② 孟国碧：《论碳泄漏问题的本质及其解决路径》，载《江汉论坛》2017 年第 11 期。

③ 王田、李俊峰：《〈巴黎协定〉后的全球低碳“马拉松”进程》，载《国际问题研究》2016 年第 1 期。

“后《巴黎协定》时代”，尽管不对称减排机制不存在了，但发达国家与发展中国家减排政策的差异性却依然存在。随着贸易自由化的进一步扩大，减排政策相对严格的发达国家就可能以碳泄漏为名，强烈要求对减排政策相对宽松的发展中国家征收碳关税以及采取其他边境调节措施。因此碳泄漏问题并未消除，关于碳泄漏的博弈也将长期存在。① 可以说，虽然碳泄漏是作为环境问题而提出的，但是其归根结底是因为国际贸易而产生，现实中已经成为与环境问题相关的重要贸易问题，目前针对碳泄漏采取的规制措施主要还是为了防止国际竞争力的减损问题。我们在研究碳泄漏时，要厘清碳泄漏的本质，从而才能提出合理有效的应对路径。

碳泄漏的本质应当从以下两个角度去理解：

第一，国际分工和国家间发展阶段不同是造成碳泄漏的根本原因。碳泄漏是基于全球应对气候变化而被关注，国际法律文件对于气候责任的划分导致国家与区域间的气候政策在客观上存在差异性，从而在形式上产生了碳泄漏。但是碳排放的流动与转移在本质上却是因国际分工和国家间发展阶段的不同而引发的，通常表现为从发达国家向发展中国家流动与转移。

第二，碳排放量的核算方法是造成碳泄漏的技术原因。目前，核算一国或地区碳排放量的计算方法通常以生产视角为核算标准，按照生产地原则计算碳排放。以中国为例，中国作为贸易大国，也是碳排放大国。从产业结构来看，中国利用外资以制造业为主：制造业产品出口在国际贸易结构中所占的比重大；在外商投资领域，污染密集型的外资企业在我国所占比重相当惊人。已有的经济学研究表明，对外贸易可能加剧对自然资源的消耗和环境的恶化，② 运

① 孟国碧：《碳泄漏：发达国家与发展中国家的规则博弈与战略思考》，载《当代法学》2017 年第 4 期。

② Hakan N. &Scott V. , Trade and environment, *Geneva*: *WTO Publications*, 1999.

用国际贸易数据分析可以发现，国际专业化分工与环境库兹涅茨曲线存在对应的关系，即发展中国家集中生产高能耗高污染和资源密集型的产品，而发达国家在享有现有消费模式的情形下依旧把握着分工的主动权，可以选择性生产清洁的和服务密集型的产品，在进出口贸易关系中，发达国家污染密集型产品的出口高于进口，发展中国家则相反，① 于是在事实上造成了碳泄漏。

“由于在任何地方排放等量温室气体对全球气候变化的影响是相同的，因此，碳泄漏的发生对环境影响是全球性的，但是碳泄漏所附带的产业转移所造成的经济影响却是区域性的。”② 不难看出，碳泄漏虽具有环境因素这一形式，但是从其产生的本源以及实践中的技术层面来考量，都无法掩盖其具备贸易属性这一本质。我们要清楚地认识到在当前以及今后相当长一段时间，碳泄漏都是发达国家以环境保护为名而行贸易保护之实的借口，从而达到限制发展中国家发展、保护其竞争力、获得更大经济利益的目的，这就是碳泄漏问题的本质。

三、碳泄漏的表现形式

碳泄漏虽然涉及温室气体的排放，但是却主要通过国际贸易与国际投资的形式来表现。这是因为国际贸易和国际投资流向的变化与碳泄漏的产生密切相关，国际气候减排责任分配造成了减排义务分布的地区性，减排国家对碳密集型行业的生产进行限制，会导致“对碳密集型产品需求的减少或生产成本的增加，通过国际能源市场的供需变动以及对能源产品和要素的投资和贸易变化，会增加没有

---

① Werner A., The pollution terms of trade, *Economic Systems Research*, 1996, 8 (6), 361 –365.

② 中国科学院广州能源研究所碳交易研究课题组编：《广东省碳排放权交易机制的设计与实践问答》，中国环境出版社 2014 年版，第 28 页。

减排目标国家生产和消费的碳排放。”① 柏林授权特设小组在提出碳泄漏概念的同时，还提及决定碳泄漏影响大小的三个要素，分别是：能源密集型和其他排放密集型商品对承诺国本国经济的重要性、承诺国出口产品的流向和非承诺国相对产品供应的市场竞争力的重要性。在实践中，碳泄漏的表现形式主要包括：

（一）能源产品的国际贸易

由于减排国家或地区采取强制减排措施，在客观上会减少对能源产品的需求，由于市场价格受供求关系的影响，需求的减少就会引起能源产品的价格下跌。非减排国家或地区就可能根据自身的经济发展需要增加对能源产品的需求，进一步刺激非减排国家或地区碳密集型产业的生产，从而引起非减排国家或地区的温室气体排放量增加。

（二）碳密集型产品的国际贸易

减排国家的强制减排政策，可以促进碳密集型产业使用新技术改进生产工艺，由此也可能导致产品的生产成本增加、价格升高。而非减排国家或地区同类产品本身的隐含碳排放并不在产品的价格计算之中，因此价格会比减排国家或地区的产品更低，更具有竞争力。这样在国际市场中，对碳密集型产品的需求就会集中在非减排国家或地区，国际生产体系的布局和国际贸易的流向因此就会发生改变。在这个过程中，非减排国家或地区会加大产品的生产力度，也自然会增加温室气体排放量。

（三）能源密集型产业的跨国转移

采取减排行动的国家或地区实施的减排政策，会影响诸如钢铁、

---

① 张为付等：《低碳经济与我国国际分工战略的调整》，商务印书馆 2015 年版，第 41 页。

水泥、建材、化工等能源密集型产业的生产成本，会降低资金、技术等生产要素在这些产业中的生产力，从而减少企业的收益。在经济利益驱动下，为了能够充分发挥生产力，减排国家或地区就会通过跨国经营和投资将这类能源密集型企业转移到具有低非减排国家或地区，这样不但降低了生产成本，也使其能够继续发挥其在技术与资金方面的优势，最大程度获得经济利益，同时也促进了生产要素和产业在全球范围内的重新配置。但这样也直接导致了不受控的温室气体在非减排国家增加了排放量。

第二节 碳泄漏法律规制的逻辑基础
——碳排放权的法律属性

碳泄漏之所以需要受到法律的规制，其逻辑基础就在于碳排放权具有多种法律属性。由于各国在碳排放问题上享有的权利和履行的义务存在差异，碳泄漏才被认为是国际气候合作中一个应当被重点关注并受到法律规制的问题。

碳排放权是一种典型的通过法律创设的权利，国际法意义上的碳排放权建立在国家主权实现有限让渡的基础上。自 20 世纪六七十年代起，国家对本国自然资源和一切经济活动拥有完全的永久主权，已经作为一条国际法的基本原则被确立下来。但是，随着大气环境容量资源的利用已经达到不可承受的边界，大气环境容量由此成为稀缺资源，而基于全球大气环境的整体性、流动性等自然属性，一国的行为不可能不对其他国家产生影响，“世界各国政府现在已经认识到跨越国境的环境问题依靠个别国家是根本解决不了的”。① 20 世纪 80 年代后期，各国逐步开始认识到应对气候变化全球合作的重要

---

① Nlan D., Harris H., UN framework convention on climate change, Internation Business Lawyer, 1997, 108.

性，通过谈判达成一个具有法律约束力的协定迫在眉睫，国家主权的绝对限制只能被打破，《公约》体系对国家的碳排放权作出确认和限制，体现了对稀缺性资源进行分配管理、对各国的碳排放与环境容量资源之间的矛盾加以协调。

一、碳排放权的二重性解构

国际法上的碳排放权主体被分为发达国家和发展中国家两类，即《京都议定书》中的附件Ⅰ国家和非附件Ⅰ国家，附件Ⅰ国家的温室气体排放制定了具有法律约束力的量化减排目标，① 意味着对这些国家温室气体排放权作出了限制，使其利用大气环境容量资源的自由受到国际法律文件量化指标的约束，即“为其设定了边界清晰的碳排放权”②。对于未列入附件Ⅰ的国家，议定书仅使用定性的语言规定“应依据本国国情自主实施减排活动”，赋予这些国家仍享有边界较为模糊、约束相对宽松的碳排放权。议定书对碳排放权的内容还进行了进一步细化，如要求发达国家在联合履约、清洁发展和排放贸易等灵活实施机制下，为发展中国家提供资金和技术，以确保发达国家以较低的经济代价实现其减排目标，并实现发达国家与发展中国家的“双赢”。这些规定反映了对不同国家碳排放权的准确定位，反映了碳排放权的二重属性，即既是生存权利又是发展权利；既是环境权利又是经济权利。

二、碳排放权既是生存权利也是发展权利

生存权，即适当生活水准权。与人的生命权、自由权一样，适

---

① 目标定位为：“在 2008 -2012 年承诺期间，附件一所列缔约方将总排放量从 1990 年水平减少 5%”，主要工业发达国家的温室气体排放量要在 1990 年的基础上平均减少 5.2%，其中，欧盟将 6 种温室气体的排放削减 8%，美国削减 7%，日本削减 6%。

② 王明远：《论碳排放权的准物权和发展权属性》，载《中国法学》2010 年第 6 期。

当生活水准权不是什么人恩赐的或凭空想象的，而是人作为人享有和应当享有的权利。它的客观存在，从不以某些个人和国家的好恶，或承认与否为转移。人们生活在这个世界上，有权获取一定的生活资料，满足基本生活需求，这种生活需求还应与一定历史和社会经济文化发展水平相适应。《世界人权宣言》第25条规定，“人人有权享受维持他本人和家属的健康和福利所需的生活水准”。有关国际文书没有给"适当的生活水准"这个词下更准确的定义，但联系上下文可以看到与此相关的描述：“足以维持他本人和家属的健康和福利，包括食物、衣着、住房、医疗和必要的社会服务”；需要强调的是，人人应该能在不受羞辱和没有不合理障碍的情况下，充分地与他人进行一般的日常交往，特别是他们应该能够有尊严地享有基本需求。因此，可以主要从两个方面来界定何为“适当”或“充分”。第一，每个人要在有人之作为人的尊严的前提下满足其基本的生活要求，换言之，任何人都不能被迫通过降低或被剥夺其基本自由，如通过乞讨、卖淫或苦役，来满足其基本生活需求。第二，物质生活达到相关社会的贫困线以上的水平，换言之，就是摆脱贫困。①

碳排放权属于人类生存权。生存权不仅指个人生命延续的权利，也包括国家、民族作为一个整体，在社会意义上的生存得到保障的权利。每一个国家都需要碳排放的权利。一国民众的衣、食、住、行等基本生活需求，都必然直接或间接地产生温室气体。如果说温室气体是人类生存的必然产物，那么是否享有碳排放权，享有多少碳排放权，就成了满足人类生存的最基本权利，没有碳排放权，就没有生存权。然而，为应对全球气候变化，实现全球平均气温升高控制在2摄氏度的目标，各国的碳排放权必须被最大限度地压缩。

---

① 参见［挪］A. 艾德、［挪］C. 克洛斯、［挪］A. 罗萨斯主编：《经济、社会和文化权利教程》（修订第2版），四川人民出版社2004年版，第111－112页。

因此，人类必须寻求新的低碳生存方式，在一切可能减少或消灭碳排放的方面，降低或者维持碳排放。碳排放权对于广大发展中国家，特别是最不发达和岛屿国家来说，基于生存需要，需要一定的碳排放量。又由于既是生存权又是发展权，是“权利主体为了生存和发展的需要，由自然或者法律所赋予的向大气排放温室气体的权利，这种权利实质上是权利主体获取的一定数量的气候环境资源使用权。”①

由于发展中国家拥有的丰裕要素——劳动力具有不可跨国界流动性，发展中国家主要以劳动要素参与国际分工，对外来资本、技术等要素有着强烈的依附性。这样，发达国家的资本、技术流向往往决定着发展中国家是否可能参与以及怎样参与新型的国际分工。②正因如此，发展中国家在这一进程中基于经济发展规律，在获得某些产业发展同时，“高污染、高排放”现象难以避免。与此同时，发达国家重点发展的高新技术产业，特别是信息技术产业，也进入发展中国家的市场，在这一过程中，跨国公司成为国际分工的又一重要主体，担当起全球经济的“计划者”“组织者”的角色，并逐步成为东道国产业的组成部分。导致的结果是发展中国家与发达国家之间的相互分工继续发生重大变化，从传统工业、农业与商业部门的垂直分工逐渐渗透到各部门内部垂直分工，以及较低和较高层次的水平分工。

这种国际分工导致的碳排放，不能和发达国家富裕生活的消费性排放相混同，时任美国总统奥巴马曾经猛烈抨击美国的超前消费，因为超前消费中导致大量的过度消费性碳排放。此碳排放与彼碳排放有着本质的不同，是发展中国家人民为温饱和小康生活需求而产生的碳排放，关系着发展中国家人民的生存问题。

---

① 韩良：《国际温室气体排放权交易法律问题研究》，中国法制出版社2009年版，第29页。

② 任志成、马志娟：《论当代国际分工格局中发展中国家的分工利益》，《国际贸易问题》2004年第6期。

发展权属于一项新型人权，既是个人人权，也是国家、民族的集体人权，它以公正、公平为内核，又将形式正义与实质正义结合起来，使权利主体享受到真正、具体、切实的利益。① 《联合国宪章》第55条要求联合国应促进：①较高水准的生活，经济与社会的进展以及国家的发展。②国际间经济、社会、卫生及有关问题的解决；国际间文化及教育合作。③对人权与基本自由的普遍尊重。并要求“各会员国担允采取共同及个别行动与本组织合作，以达成第55条所载之宗旨。”因此，通过国际合作，促进各国发展和经济社会的进步，提高人权水平是各成员国应尽的义务。

1979年，联合国人权委员会通过《关于发展权的决议》，强调发展权是一项人权，平等的发展权不仅是国家的特权，而且是国内个人的特权。1986年12月，联合国《发展权利宣言》指出：“发展权利是一项不可剥夺的人权”，包括“对他们的所有自然资源和财富行使不可剥夺的完全主权”。对一个国家而言，实现发展权有如下条件：一是创造有利于发展的稳定政治、经济和社会环境；二是制定符合本国国情和国家利益的发展政策；三是努力改善全体人民的福利，使所有个体都有自由、能力和机会参与发展。对国际社会而言，实现发展权有如下条件：一是坚持主权平等、相互依赖、各国互利与合作的原则；二是在此基础上建立公正合理的国际政治经济新秩序，特别是使发展中国家能平等、自由地参与国际事务，真正享有均等的发展机会；三是消除影响发展的各种国际性障碍。② 全球气候变暖，主要是由于人类工业化过程中，大量使用化石能源的结果，是与人类的发展需求相伴而生的。因此，“气候变化既是环境问题，也是发展问题，但归根结底是发展问题”。所有的发达国家，

---

① 汪习根、涂少彬：《发展权的后现代法学解读》，载《法制与社会发展》2005年第6期。

② 《发展权利宣言》，http：//www. un. org/zh/events/righttodevelopment/declaration. shtml，最后访问2014年3月24日。

在其工业化过程中，都经历过高强度碳排放的阶段。人们为了生存和发展的需要，从事生产活动，就会涉及对自然资源的使用，在当今大气环境容量成为稀缺资源的前提下，碳排放就是对大气环境容量资源的使用，这既是为了满足基本生存需要，也是发展经济的必须，对碳排放权边界的设定，必须以保证发展权①为前提。

对碳排放权的创设和分配，就是对发展的空间分配。刚刚通过的《巴黎协定》，提出加速全球低碳发展进程的要求，明确了到21世纪中叶，全球实现碳中和。也就是说，到2050年左右，人类排放的二氧化碳要与大自然有能力吸收的二氧化碳相当，即实现“净零排放”。面对这一要求，未来碳排放容量资源将非常稀缺。

三、碳排放权既是环境权利也是经济权利

碳排放权是一种商品属性与金融属性兼备的资产。自2005年《京都议定书》生效，碳排放权的交易迈出了第一步。当时主要是依据《京都议定书》建立的三项灵活履约机制进行交易：一是“排放权交易”（IET），是在承诺减排的发达国家之间进行排放权额度的买卖，即发达国家出售减排指标给发达国家；二是联合履约机制（JI），是发达国家之间通过项目合作联合减排，所实现的减排量可以转让给另一个发达国家，其结果相当于发达国家之间转让了同等量的减排单位；三是清洁发展机制（CDM），是由发达国家通过提供资金和技术，在发展中国家实施减排项目，通过项目所实现的减排量可以计入发达国家的减排承诺，是发达国家和发展中国家通过项

① 注：气候变化既是环境问题，也是发展问题，但归根结底是发展问题。因此，气候变化与可持续发展的联系已逐渐成为国际社会的共识。在此基础上，将碳排放权作为一种新的发展权看待，也逐渐得到了国际社会的认可。如波斯纳（Eric A. Posner）、森斯坦（Cass R. Sunstein）和格林（Bryan A. Green）都承认碳排放权是一种发展权。参见杨泽伟：《发达国家新能源法律与政策研究》，武汉大学出版社2011年版，第281页。

目合作进行的碳排放权交易。在上述三个机制下，以“碳排放权”交易为标志的贸易体系形成，碳排放权作为一种商品，已经成为同石油一样具有价值的资产，这一资产对世界各国经济的发展都有重要影响。碳排放权是一种权利凭证，发放之后，在规定的时间节点进行注销。其间，市场价格常常波动明显，使其具备了投资特性，参与者能够通过交易差价获取利益。随着碳市场交易规模的扩大和碳货币化的发展，碳排放权逐渐衍生出如碳排放期货、碳排放期权、碳信用等具有流动性和投资价值的金融资产，因而，碳排放权也具有金融属性。从国际经验来看，发展碳排放权期货及其衍生品交易，对节能减排有巨大的促进作用。碳排放权作为金融体系中重要且稀缺的金融资产，是大国间竞争与博弈的新领域，其实质是各大国或国家集团借“碳资产”和“碳金融”，来争夺全球低碳经济的战略制高点。《巴黎协定》保留了原有的碳排放交易机制，并计划设计新的气候融资机制，鼓励公共部门和私人部门向气候变化领域投资。中国在这场“碳金融博弈”中，从初始碳排放权的分配，到碳交易的货币绑定权，再到碳交易的定价权等方面，都需要仔细谋划，力争占得先机，取得更多的主动权。

第三节 碳泄漏法律规制的必要性

《巴黎协定》后，中国面临的国际国内形式空前复杂。一方面，中国在全球气候治理中的角色和定位已经发生改变，任务重点已经从积极参与国际谈判、参与气候合作方案制定转向如何敦促各国积极履行《巴黎协定》确定的减排义务，同时承担大国责任，兑现减排承诺；另一方面，从国内形式看，为实现全面建成小康社会决胜阶段的目标任务，解决当前经济社会发展中出现的新矛盾新挑战，十九大报告提出的一系列新理念、新论断、新任务和新举措亟待推进贯彻。对碳泄漏进行法律规制，既是协调参与国际气候合作与维护本国利益关系需要，也是探索碳壁垒国际应对与国内低碳法治建设的理论基础，对于减排责任承担与实现本国经济发展具有重要的意义，主要体现在两个大的方面：

一、能够应对国际碳排放责任的分配不公平

20 个世纪 90 年代以来，人们开始致力于对碳排放的影响进行量化评估，以了解碳排放对气候的影响，IPCC 为此制定了《国家温室气体清单指南》（以下简称《指南》），用于对各国贡献的碳排放责任进行测算，规定国家清单的范围包括“在国家领土和该国拥有司法管辖权的近海海区发生的温室气体排放和消除”。《京都议定书》将《指南》作为划分碳排放责任的标准，也就是生产者责任原则（Production Responsibility），即碳排放责任由其直接排放者承担，一国对其领土范围内的碳排放负责。

多年来，关于碳排放责任承担机制的争论一直影响着国际气候合作，发达国家对发展中国家不承担强制性减排义务耿耿于怀，在政策制定和国际气候谈判中已经表示出了对区域减排的不满。2001 年，美国正式宣布单方面退出《京都议定书》，理由之一正是发展中大国如中国、印度等温室气体排放大国不承担减排任务，区域减排的单边性导致“碳泄漏”。加拿大也在 2011 年退出《议定书》，澳大利亚、日本、新西兰还相继大幅度降低减排目标，资金机制也是空有其名而无其实。《京都议定书》的不对称减排机制未能取得预期效果。

发达国家对中国、印度等发展中排放大国不断施加压力，要求共同承担减排责任，也是以碳泄漏为由，而碳泄漏的计算方式，正是以生产者责任原则为依据的。根据已有的实证研究，目前我国碳净出口量居世界第一，大约占到国内碳排放的 20% 以上，[①] 中国被

① 周茂荣、谭秀杰：《国外关于贸易碳排放责任划分问题的研究评述》，载《国际贸易问题》2012 年第 6 期。

看作是碳排放大国，但是大量碳排放的背后，实际的碳排放消费者是发达国家。生产者责任原则显然对我国最为不利。尽管有学者认为生产责任原则将出口产品碳排放等同于国内排放是不公平的，①特别是发展中国家在现有分工条件下，出口产品所产生的碳排放，实际是由发达国家消费的。学者们批评，发达国家的繁荣不仅建立在历史碳排放上，而且现在通过发展中国家的碳排放得以保持这种繁荣，一方面，发达国家的产品进口掠夺了发展中国家的资源；另一方面，还将碳排放等污染留给发展中国家，以地域划分碳排放责任是不公平的。

2015 年 12 月，《巴黎协定》通过，使得全球气候治理机制发生重大转变，各自能力和自愿原则下的国家自主贡献减排模式获得广泛参与和支持。但发达国家的态度和谈判策略值得深思，关于“共同但有区别责任原则”的理解争议极大，发达国家强调要共同承担责任，认为如果发达国家和发展中国家继续实行区别的强制减排要求，是对“共同但有区别责任原则”的狭隘理解。② 碳泄漏成为发达国家要求发展中国家承担碳排放责任的重要理由之一，发达国家坚持认为：如果发展中国家不承担减排责任，会导致发达国家的减排努力落空，全球温室气体减少排放的目标不能实现。

尽管经过激烈的争论，《巴黎协定》最终保留了“共同但有区别责任”原则，但在事实上放弃了不对称减排机制，代之以不具有法律约束力的国家自主贡献减排，即在“共同但有区别责任”原则基础上，增加了“将按照不同的国情反映平等以及共同但有区别责任和各自能力的原则”。这一变化恰好体现了碳泄漏问题的影响，也使得国际碳排放责任的计算和分配规则进一步指向生产者责任，即

① Munksgaard J. and Pedersen K. A. , “CO2 Accounts for Open Economies: Producer or Consumer Responsibility?” Energy Policy, 2001 (29): 327 - 334.

② 何晶晶：《从〈京都议定书〉到〈巴黎协定〉：开启新的气候变化治理时代》，载《国际法研究》2016 年第 3 期。

生产者有义务为自己的生产行为承担减排责任，而消费者责任并未被纳入责任考量范畴。正如乌尔里希·贝克所言："社会不平等与气候变化是同一枚硬币的两面。任何人在解释不平等概念时，再也不能不考虑气候变化的后果；同样，在解释气候变化概念时，亦不可不考虑社会不平等的影响"。①

鉴于国际碳排放责任的分配存在不公平，在未来的国际气候合作中，发展中国家和发达国家的冲突和博弈还将长期存在。《巴黎协定》能否落实、成效如何，很大程度上取决于对"各自能力"的履行。一方面，发展中国家需要采取实际行动承担减排任务；另一方面，发达国家能否积极履行承诺，包括能否落实《巴黎协定》关于资金援助②、技术和能力建设等的要求，直接关系未来国际气候合作能否取得预期目标。要应对这种分配责任上的不公平，就需要在国际谈判中最大程度争取自身权益，并在国际法律文件中予以明确，避免发达国家出尔反尔，缺乏对其的规制。

二、能够平衡碳泄漏中存在的多方利益冲突

贸易自由化条件下，国家间各类生产要素的优势是贸易流动的基础，由此也会对各国的社会、经济结构产生影响。赫克歇尔在《对外贸易对收入分配的影响》一文中提出生产要素禀赋理论，认为一国出口产品的比较优势主要取决于该国的要素禀赋和生产技术，国与国之间因要素禀赋不同而引起的生产要素价格差异是国际贸易

---

① ［德］乌尔里希·贝克：《气候变化：如何创造一种绿色现代性》，温敏译，载《马克思主义与现实》2009年第5期。

② 参见《巴黎协定》第9条。《巴黎协定》第9条虽然没有明确发达国家对发展中国家资金援助的具体数额，但是关于《巴黎协定》的解释第54条提到："发达国家有意在有意义的减缓行动和执行工作的透明度框架内，继续它们现有的到2025年的集体筹资目标；在2025年前，作为《巴黎协定》缔约方会议的《公约》缔约方会议将在考虑到发展中国家的需要和优先事项的情况下，设定一个新的集体定量目标，每年最低1000亿美元。"

的直接基础。如果把要素禀赋差异作为竞争优势的衡量标准之一，那么也可以认为环境资源要素能决定竞争优势。如果把大气环境容量也看作是一种稀缺资源（当前大气环境也的确如此），那么无成本的碳排放行为是否也可以作为一项优势资源？如果按照发达国家的观点：由于减排政策的差异，导致严格减排政策的国家相关行业减排成本增加，国际竞争力下降，因此即使在 WTO 规则体系下，以保持减排效果为由采取贸易单边措施具有正当性。这一理由的逻辑是：减排政策相对宽松的国家因为碳排放成本低，因此生产出的产品价格更低，由此获得了国际竞争力。

碳泄漏现象伴随着国际贸易而产生，碳泄漏被发达国家认为是区域气候减排政策导致其竞争力下降，因此，发达国家主张实施碳关税及其他边境调节措施，碳关税被看作是防止碳排放到没有实施有效的碳减排制度国家的有效措施。① 2009 年 3 月 17 日，美国新任能源部长朱棣文提议征收“二氧化碳关税”，以保护美国制造业；2009 年 6 月 26 日美国众议院通过《清洁能源与安全法案（以下简称《能源法案》，The American Energy and Security Act），② 确定美国将于 2020 年开始实施边境调整措施（border adjustment easures）或碳关税（carbon tariffs），这部法案引起了各国的关注和热议。

事实上，在美国之前，欧盟已经较早地拥有了一套比较完善的碳价格体系并最早提出了碳关税的建议。欧盟 2008 年 12 月通过的《气候与能源一揽子方案》（Climate and Energy Package）的第 10 条

① Paul - ErikV. , Carbon tariffs and the WTO: an evaluation of feasible policies, *Journal of International Economic Law*, 2009, 12 (3), 751.

② US Congress, 111th Congress (H. R, 2454), An Act to Create Clean Energy Jobs, Achieve Energy Independence, Reduce Global Warning Pollution and Transition to a Clean Energy Economy, *US Congress* , 2009, 1123 - 1125.

b 款将碳关税定义为“解决碳泄漏问题的可行政策”。① 法国前总统希拉克、其继任总统萨科奇在推广法国内部碳税的同时，也积极推进碳关税政策。德国也是碳关税的积极支持者，在 2009 年德法联合署名的一封提交联合国秘书长潘基文的信件中，就提出产业竞争力与碳泄漏问题，并明确提出采取碳关税措施的必要性。② 2010 年 3 月欧盟工业部长会议重点讨论了如何保证欧盟工业竞争力的问题并特别讨论了碳纳入机制。③ 此后不久，欧盟宣布 2012 年 1 月起对出入欧盟的国际航班征收 15% 的航空碳排放税，理由均为“为了有效控制碳泄漏”。尽管由于各方强烈反对，欧盟最终于 2012 年 11 月宣布：建议在 2013 年秋季之前，暂停实施欧盟单方面采取的对进出欧盟国家的民用航班征收碳排放税的措施，但是各方对于碳关税的各种研究和实践，都明确显示这样一个信息：实施碳关税措施势在必行。

对于发展中国家尤其是中国来说，如果减排政策的差异性会导致碳排放的转移，那么所谓的国际竞争力就要以牺牲环境资源利益为代价。如果还因此面临诸如碳泄漏这样的贸易单边措施，那么就相当于利益再次受损。多数研究通过一般均衡模型模拟计算表明，碳关税对中国的出口贸易负面影响可能会大于其对环境的积极影响。作为欧美的主要贸易伙伴，若欧美对中国出口征收碳关税，短期内或多或少会对中国就业、经济、社会稳定等造成不同程度的影响。近年来，国际贸易保护主义依旧存在，碳泄漏问题将直接影响到中

① European Commission, Commission Welcomes Adoption of Climate and Energy Package, IP/09/628, http://europa.eu/rapid/press-release_IP-09-628_en.htm? locale = en, 23/04/2009.

② 王鑫、陈迎：《碳关税问题刍议——基于欧盟案例的分析》，载《欧洲研究》2010 年第 6 期。

③ France Details Plans for “Carbon Inclusion Mechanism” Euractiv, March 18, 2010.

国的对外贸易环境，在《巴黎协定》及其后的时代，尽管不对称减排机制不存在了，但发达国家与发展中国家减排政策的差异性依然存在，发达国家仍会坚持主张发展中国家相对宽松环境政策可能导致碳泄漏，并可能以此为借口采取单边措施。

在碳泄漏带来的多方利益冲突之下，无论碳泄漏能否成为贸易单边措施的正当性理由，中国都有必要采取积极的法律应对措施，使得我国出口企业或产品能够跨越绿色贸易壁垒，保持并提高本国产品的国际竞争力和市场占有率，最终有效平衡多方利益冲突。

第二章　碳泄漏法律规制的理论依据

既然碳泄漏法律规制的逻辑基础是碳排放权所具有的多种法律属性，那么对碳泄漏进行法律规制就自然要围绕这些不同的权利展开，就要有坚实的理论依据，这样才能够得到发达国家与发展中国家的共同认可，才能做到不同权利之间的协调与平衡。目前国际社会较为认可的理论依据是共同但有区别责任原则，这是国际气候协定确立并重申的原则，也是《巴黎协定》体现并强调的，继续成为2020年后指导国际气候治理机制的基本原则。该原则之所以能够成为碳泄漏法律规制的理论依据，是因为它兼顾了气候变化与贸易发展中的分配正义与利益平衡，具有正当性与合理性。

第一节　共同但有区别责任原则的内涵

一、共同但有区别责任原则的概念及发展

共同但有区别责任原则（principle of common but differentiated responsibility），是发展中国家与发达国家在如何分配碳排放责任问题上的大前提。“共同”是指气候变化是全球问题，每个国家都应当承担应对气候变化的义务，不论是发达国家还是发展中国家都需要尽可能采取有效措施加以应对。“有区别”则体现了发达国家应承担更多的历史排放责任，并且实际消费了更高的人均排放，此外，他们也拥有更强的应对能力，可以提供减少碳排放、发展低碳经济所需

的资金和技术。而发展中国家首要和压倒一切的任务仍然是需要消除贫困、实现经济社会的发展，因此发达国家和发展中国家采取行动的性质和力度有本质区别。

国际法上较早的认同是“共同责任”，体现为全人类的共同利益，既为了保护全人类的共同权利，也是全人类的共同义务。如1959年的《南极条约》在前沿中所称：“……为了全人类的利益，南极……不应成为国际纷争的场所和对象。”1967年《外层空间条约》指出：“……为了和平目的发展，探索利用外层空间，是全人类的共同利益。”

关于区别责任，1972年的《联合国人类环境会议宣言》首次明确了导致发展中国家环境问题的原因是发展不足，因此，应“采取筹集资金维护和改善环境的措施”，对发展中国家给予必要的帮助，包括国际技术援助和资金支持，要照顾到发展中国家的发展阶段和特殊国情。1992年《联合国环境与发展大会宣言》第7项原则明确指出：“鉴于导致全球环境退化的各种不同因素，各国负有共同但有区别的责任。发达国家承认，鉴于他们的社会给全球环境带来的压力，以及他们所掌握的技术和财政资源，他们在追求可持续发展的国际努力中负有责任。”至此，该原则被各方广泛接受，并得以在一系列国际法律文件中贯彻。

《公约》结合发展中国家的特殊需要，对共同但有区别责任的内容进行了丰富和发展，一方面，考虑了发展中国家在防治环境问题的迫切希望和有限能力之间的矛盾，基于承担责任能力和历史原因，责任承担应有区别；另一方面，也基于“共同”，将发展中国家也需要承担减排责任这一大前提纳入进来，但是承担责任的方式和强度“区别”于发达国家，规定了发展中国家在信息通报、能力建设等方面所应尽的义务，明确了责任的共同性与区别性。《京都议定书》继续坚持贯彻了《公约》的原则：考虑到共同但有区别的责任以及特殊的国家和区域发展优先顺序、目标和情况……不对未列入附件Ⅰ

的缔约方引入任何新的承诺”,① 但发展中国家仍应根据本国国情采取一定的减排措施。

共同但有区别责任原则在国际气候立法中的贯彻，是国际气候谈判的巨大胜利，是全球气候合作的新的里程碑。一般来说，该原则区分的是发达国家和发展中国家，并没有对发达国家或发展中国家进行再区分。而《巴黎协定》中对这一原则的实现，在具体路径上有所弱化，如该协定就减缓原则体系的规定是：“各缔约方应编制、通报并保持它打算实现的下一次国家自主贡献。缔约方应采取国内减缓措施，以实现这种贡献的目标”；“各缔约方下一次的国家自主贡献将按不同的国情，逐步增加缔约方当前的国家自主贡献，并反映其尽可能大的力度，同时反映其共同但有区别的责任和各自能力”。这体现了一种各自区别，相比之前的发达国家和发展中国家的二分格局，显示出新变化，对这一原则的理解和运用，呈现出越来越多的复杂性。

二、对共同但有区别责任原则的理解分歧

对于共同但有区别责任原则，各个国家从各自的国家利益出发，在认识上存在深刻分歧，发达国家强调“共同责任”，认为各国对全球环境恶化都负有责任，仅由发达国家承担减排责任不能获得理想的减排效果，各国都应当“重环境，轻发展”，在现有经济基础上改变资源浪费、降低环境负荷和环境损害，同时强调发展中国家（特别是中国）如果不承担减排责任，发达国家的减排效果伴随着产业和贸易的流动，将被抵消。发展中国家强调地球环境危机的责任主要在于发达国家，必须正视发展中国家的贫困和不发达问题，客观上导致发展中国家无力有效保护环境，因此，可持续发展需要以消

① 《〈联合国气候变化框架公约〉京都议定书》，http://unfccc.int/resource/docs/convkp/kpchinese.pdf，最后访问 2014 年 3 月 30 日。

除贫困、实现财富公平分配为基础。此外，发展中国家阵营因各自的国际利益立场差异而出现分化：巴西、墨西哥和一些最不发达国家期望通过清洁发展机制来获取外汇收入，改造本国已有技术和设备；以中国和印度为代表的发展中国家，自身经济发展相对较快，则希望通过自身经济结构的优化和技术水平的提高，在保证本国经济发展的同时尽自己的能力为防止气候变化作出自己的贡献，[①] 小岛屿国家联盟（Alliance of Small Island States，AOSIS），面对被海水淹没的危险，基于"生存是不可谈判的"立场，呼吁国际社会，特别是发达国家无比迅速有效地采取行动大幅削减碳排放，保护最脆弱国家的利益，对这类国家增加经济和技术援助维护，同时基于本国利益增进的考虑，表示愿意承担部分减排目标。

观点的分歧主要在于：发达国家不甘心被"区别"对待，强调环境问题的全球性和责任的共同性，而发展中国家则认为一些"全球性"和"区域性"问题是相互关联的，区域性问题可导致全球性问题的发生，发达国家从经济和技术方面应承担更多的责任等。

第二节　共同但有区别责任原则的正当性与合理性

一、共同责任体现了实质公平

在现有的减排制度设计下，碳排放权将会以分配的形式分配给社会成员，与权利相对的义务——碳减排义务应当如何分配就成了问题，这是一个复杂的系统工程，由于社会成员中个体的巨大差异性，平均分配显然不能体现正义的要求。乌尔里希·贝克就指出，"社会不平等与气候变化是同一枚硬币的两面。任何人在解释不平等

① 于贵瑞：《〈联合国气候变化框架公约〉判中的焦点问题》，载《资源科学》2001年第6期。

概念时，再也不能不考虑气候变化的后果；同样，在解释气候变化概念时，亦不可不考虑社会不平等的影响。”① 基于基本生存需求的排放和基于发展需求的排放能否采用同一的分配标准，如果答案是否定的，那么如何分配才是合理的呢？要对碳泄漏进行法律规制，就必须要讨论碳排放责任是否公平，是否能够达到正义的分配。

“正义包含两个因素——事物和应当享有事物的人；人们会认为同等条件下的人应该分配得到同等的事物。”② 言下之意即是，正义是给予人们所应得的东西，同等情况应当同等对待。但是当应得的东西属于稀缺资源并供应不足时，就会出现了分配问题，正如有学者指出，“正义问题会在某些东西相对需要而供应不足或者被意识到供应不足的情况下出现。在这种状态下，人们所关心的是要得到他们的公正的份额，协议就此而达成，或者制度由此而产生，以在需求它们的人们中间对稀缺物资进行分配。”③ “分配正义是在社会成员之间建立一个荣誉、财富或其他可分的共同财富的分配公正原则，这些东西的配得可能不一定是完全相同的同一种东西，分配的正义……在于成比例。④ 亚里士多德将对社会财富进行分配所应遵循的正义原则，设计为两种分配方法：一种方法是依据平等原则来分配，即完全的平均分配，不考虑分配对象的实际需要、能力和贡献等条件，一律分配均等的东西。这种分配方法追求的是“绝对数量上的相等”，或者说数目和容量上的与他人并无二致，即绝对公平的分配。这种方法的好处是简单明了，标准单一、精确，在某些情况下，

---

① ［德］乌尔里希·贝克：《气候变化：如何创造一种绿色现代性》，温敏译，载《马克思主义与现实》2009 年第 5 期。

② ［古希腊］亚里士多德：《政治学》，商务印书馆 1965 年版，第 148 页。

③ ［美］彼得·温茨：《环境正义论》，朱丹琼、宋玉波译，上海人民出版社 2007 年版，第 8 页。

④ ［古希腊］亚里士多德：《尼各马科伦理学》，商务印书馆 2003 年版，第 92 页。

这种分配方法能明确实现简单的公平。但是，由于人与生俱来就有着天赋能力的差别，绝对的平均分配也可能导致事实上“不均等”的情形。表面的公平不等于必然具有正当性，也不能保证全体社会成员的最大福利。

因此，另一种方法更为合理，即依据平等原则，结合考虑参与分配者个人的需求、能力、贡献等不同条件来分配，这种分配方法追求的公正在于“成比例”，“公正必定是适度的、平等的（并且与某些事物相关的）。”是基于对人与人之间存在的客观上的不平等加以考量后，对个体实行一种表面不均等的分配，目的是在不平等的基础之上，通过这种表面不均等的分配，达到分配后的“几何式”均等。① 这种表现为“不均等”的分配追求的是相对公平。是基于事实上客观存在的差别条件，用看似不均等的相对公平原则来进行分配，反而可能更接近整体意义上的实质公平。分配正义强调分配公共财富的公正，关注社会成员或群体成员之间的如何享有应得的权利和权力，是坚持了分配要实行差别原则，目的是尽可能使成员获得均等的机会，从而实现实质上的公正和平等。

共同责任的基本逻辑是：全人类赖以生存的环境——地球只有一个，各国对保护全球环境负有共同责任，产品的生产会发生环境成本，生产者的生产行为直接导致资源和环境受到影响，而消费者对商品的消费需求支撑和促进了生产。在商品生产及产生环境影响的过程中，生产者与消费者、需求者与供给者是一对相互依存、互为因果的有机整体。推广到国家责任上，就是各国应当共同承担责任。

相对于生产者负担和消费者责任，共同责任强调：在生产的全过程中，供需链条上的每个生产环节都受上游生产者和下游消费者的影响，生产者和消费者都是碳排放的参与者，这种责任分配兼顾

① ［古希腊］亚里士多德：《政治学》，商务印书馆1965年版，第140页。

了消费者和生产者对环境的负面作用，由于现有国际分工中初级产品生产者往往处于经济水平较低的弱势地位，共同责任使得生产者在承担碳排放责任时不再孤立。在责任划分和排放量计算上，通过对产品整个生命周期碳足迹的捕捉，可以更清晰地界定碳排放责任，既能激励生产者在各自的生产环节引入清洁生产技术，又能给予消费者更为清晰的引导，此外，还可以避免碳排放责任的重复核算，能使一国所有地区、所有企业、部门的碳足迹之和与国家足迹账户中的数据一致。① 这种计算责任的方式更为清晰、可测量，符合公平原则。总之，将各个阶段的生产者和消费者进行细分，并划分各自的责任，获得利益的主体承担因此造成的不利后果，符合责权利相统一的原则。

二、共同责任体现了共同福利

博登海默认为：正义要求赋予人的自由、平等和安全应当在最大程度上与共同福利相一致，……这种共同福利，应是“同人类的真正利益和愿望相一致的”。② 共同福利的概念既可以在某一制度之下使用，在气候变化的大背景之下也适用于人类整体，共同应对符合全人类的共同利益和愿望，关系着全体人类的生存和安全，从这个意义上讲，整个人类社会本身就有着普适的价值维度和共同利益。

在一个文明的社会里，福利的提供首先与社会成员的需求相关，分配正义视角下的平等原则，并不等于平均分配，平均主义不仅不会实现社会福利的公正分配，反而走向公平正义的反面。关于平等原则，民法上指的是民事活动中主体的法律地位一律平等，在民事

① 新华网：《日本2007年温室气体排放量创历史纪录》，http：//news.xinhuanet.com/world/2008－11/12/content_ 10347538.html，最后访问2008年11月12日。

② ［美］博登海默：《法理学：法律哲学与法律方法》，邓正来译，中国政法大学出版社2001年版，第326页。

活动中的行为均应遵循平等原则。《民法通则》第 10 条规定，公民的民事权利能力一律平等。这集中体现着主体获得平等权利的正当诉求，这一诉求要得以实现，首先要保证诉求的实现是可能的，权利并非虚设，是有实现的可能性和可行性的。但现实的社会资源分配，每一社会成员却并不一定拥有享受某一权利的能力，还受到经济地位、地理环境、受教育水平、年龄智力状况等各种影响。

罗尔斯基于差异原则，看到了福利分配中因主体能力差异性导致的结果差异性，认为福利不能使所有人获得相同的有效能力，因此福利分配可以有差别，不平等分配的目的是为了使个体最基本的有效能力获得最大的增强。赋予权力是一个层面，但具体到每一个社会成员身上，是否有能力切实享受到赋予权力所带来的好处，则未必尽然，需要从更具体的层面来考虑。举例说明，对于一个瘫痪在床的残疾人，投入更多的社会资源也无助于他参与社会生活，但生存权则属于他最基本的权利，福利应赋予他获得生存的有效能力。

我们考察个体生命的存在时，生存权显然是至高无上的，不论个体的生命质量如何，使其生存的正义性毋庸置疑。但是企业是否应当获得同样的福利，则需要区别对待。如果说社会中的个体成员的福利实现主要考察主体的“获得”能力，社会中的经济主体——企业的福利实现还需要满足另一要求，即“无害”，其存在不能损害他人的利益。我们将社会福利分配给企业，还要考察这个企业是否有能力通过获得福利成为文明社会里“健康”的一员。“健康”的标准是什么？一个企业要具备生存的“有效能力”，应该是有利于市场经济良性运行的，除了给社会带来经济上的意义，还应当符合整个社会发展的长远利益，符合社会成员的共同利益，环境利益显然符合前述利益的价值目标，因此，“健康”的企业至少应符合实体法规定的相关环境法律制度。合法，应是最低限度，是获得福利的前提，对企业环境行为的规制也是分配正义原则的体现。

因此，分配正义对于福利的实现，体现为两个方面：一是根据社会成员个体能力的不同，使其获得恰当的福利，或者说使其能够获得可以切实享受到的福利；二是使社会成员的整体福利得以实现，赋予社会成员福利还应当符合社会的整体发展利益。

三、区别责任体现了社会分工

如果以人类社会的生产劳动活动为视角，不难发现，社会成员之间的交易行为不外乎为一种商品交易行为（包括有形的商品和无形商品，如服务），按照马克思的劳动力商品理论，在私有制之下，社会分工是劳动力成为商品的前提。反过来，由于有了社会分工，劳动力成为商品才成为可能。或者可以更进一步，社会分工需要有多样化的劳动力商品为社会生产和经济发展服务。

关于社会分工与劳动生产力发展的关系，亚当·斯密将其描述为："在劳动生产力上的最大的增进以及运用劳动所表现的更大的熟练、技巧和判断力似乎都是分工的结果。"他认为社会分工在促进生产力发展中的作用主要有三点：第一，工人的专业技能不断提高；第二，由单一劳动代替多种工序的转换，避免了转换引起的时间损失；第三，更先进的工具和各类机械的发明，使得一个人能够做许多人的工作。"① 马克思对分工作用的分析更进一步，"工场手工业分工将手工业活动进行了分解，劳动工具进一步专门化，工人在整个生产过程中的局化以及工人在一个组织中的分组和结合，创立了一定的社会劳动组织，同时发展了新的、社会的劳动生产力。"② 通过协作促进了劳动专业化和技术专门化，能节约劳动时间提高劳动生产力。

马克思进一步发现了分工导致的社会不公：第一，"社会分工是

---

① ［英］亚当·斯密：《国民财富的性质和原因的研究（上卷）》，郭大力、王亚南译，商务印书馆1972年版，第5－13页。

② 马克思：《资本论》（第1卷），人民出版社2004年版，第386－422页。

导致劳动异化和劳动产品不平等分配的真实原因，伴随着分工的不同，产品的分配也出现不均，这种伴随着分工产生的不均包括劳动及其产品的不平等的分配（无论在数量上或质量上）；因而产生了私有制。”马克思认为：“分工和私有制具有共同的表达特性，一个是就生产活动本身而言，另一个是就生产的产品而言。”① 第二，社会分工使人的社会活动表现为谋生性、固定性和利益对抗性的特征，间接导致个人发展方向的异化，这样一来，人与人之间的社会关系成为一种物役性存在。因此，分工造成人们能力的差异，成为产生不同社会阶层的原因。

如果说20世纪六七十年代发达国家已经走过了高污染、高排放的历史时期，完成了工业革命和粗放型增长，那么当今世界主要发达国家已经完成了产业结构调整，包括基础工业在内的大量传统产业部门在这一轮产业结构调整中，由发达国家转移到了发展中国家。一方面，发达国家的经济优势帮助其主导着国际分工的格局；另一方面，国际分工也发生了变化，呈现出新局面：由过去简单的产业分工、产业内产品分工发展到产业分工、产业内产品分工和要素分工并存的格局……资本、技术、管理等要素也日益发挥着重要的影响作用，一国的要素禀赋更直接地决定了其在世界经济格局中的地位与作用。发达国家拥有的丰裕要素在世界范围内具有稀缺性，更能把握着主动。

同时，由于发展中国家拥有的丰裕要素——劳动力具有不可跨国界流动性，发展中国家主要以劳动要素参与国际分工，对外来资本、技术等要素有着强烈的依附性。这样，发达国家的资本、技术流向往往决定着发展中国家是否可能参与以及怎样参与新型的国际分工。②

① 《马克思恩格斯选集》（第1卷），人民出版社1995年版，第84－85页。

② 任志成、马志娟：《论当代国际分工格局中发展中国家的分工利益》，载《国际贸易问题》2004年第6期。

正因如此，发展中国家在这一进程中基于经济发展规律，在获得某些产业发展同时，高污染高排放现象难以避免。与此同时，发达国家重点发展的高新技术产业，特别是信息技术产业，也进入发展中国家的市场，在这一过程中，跨国公司成为国际分工的又一重要主体，担当起全球经济的“计划者”“组织者”的角色，并逐步成为东道国产业的组成部分。导致的结果是发展中国家与发达国家之间的相互分工继续发生重大变化，从传统工业、农业与商业部门的垂直分工逐渐渗透到各部门内部垂直分工，以及较低和较高层次的水平分工。

发达国家有更多的能力参与应对气候变化，如果要求发展中国家承担与发达国家同等的减排责任，则是忽视了各自能力的分工，会导致事实上的不平等，基于能力的差异，也没有现实可行性。必须承认，在全球经济一体化的今天，不论当代国际分工格局如何，发展中国家必然需要融入其中，或主动或被动地为全球经济的组成部分，任何国家孤立于这个分工体系之外都是不符合国家利益的。在此前提之下，发展中国家应在更开阔的视野、更具发展性的态度之下谋求分工利益。

四、区别责任体现了矫正正义

所谓矫正正义，是指一种“出于意愿的或违反意愿的私人交易中的公正”，对矫正正义考察最初起源于私人交易活动中的公平问题，亚里士多德把私人交易划分为两种类型，一类是出于意愿的交易，类似合同关系，如买卖、借贷、抵押、寄存、出租等。另一类是违背意愿的交易，有时甚至可能是欺骗或者暴力的，类似侵权行为，如偷盗、下毒、诱骗、暗算、袭击、关押、杀害、抢劫、致人伤残、侮辱等。① 因此矫正正义的修正包含了两层含义：第一类是

---

① ［古希腊］亚里士多德：《尼各马科伦理学》，商务印书馆2003年版，第136－137页。

自愿交往的是非准则，即人与人之间经济交往的原则和订立契约的准则；第二类是对非自愿交往的修正，相当于民法上的禁止损害和赔偿原则。总的来说，矫正正义所体现的是一种“算术式”的均等，即一种简单的、使原本的不正义恢复到“均等”的状态，追求的是一种以算术的比例为基础的平等。

由于这两种类型的正义涉及的是不同的社会活动和社会关系，因此所要求的配给“均等”也有不同含义。总体来说，矫正正义所体现的是一种“算术式”的均等，即一种简单的、使原本的不正义恢复到“均等”的状态，追求的是一种以算术的比例为基础的平等。通过使之恢复到平等的状态，公平正义得以实现。

亚里士多德认为，平等可以理解为较多与较少之间的适度：得与失和较多与较少之间需要维持一个适度的平衡关系：得是在善上过多，在恶上过少；失是在恶上过多，在善上过少。而平等即体现为公正——是过多与过少之间的适度，矫正正义是维持得与失之间的适度①。矫正的正义在于剥夺过多获得者的不正当的所得，使交易双方交易前的利益状态得以修正。矫正正义的主张属于溯及既往，注重于过去发生的错误行为进行纠正，使之恢复公平和正义。

霍布斯继承和发展了矫正正义理论，把正义区分为分配的正义与交换的正义，分别解释为“公断人的正义”和“立约者的正义”。公断人的正义强调的是“公断人”将每个人的份额分配给了每一个人，就是合乎正义的分配，即公道。而“立约者的正义”则强调平等主体之间交换物价值的“均等”，体现着“交往”。② 在霍布斯看来，每一个个体都是独立平等的，生来具有自我生命保全的需要，毕生都在追求保全生命和获取幸福，在个人生存的意义上，财产的

---

① ［古希腊］亚里士多德：《尼各马科伦理学》，商务印书馆2003年版，第135－136页。

② ［英］霍布斯：《利维坦》，商务印书馆1985年版，第114页。

所有权是根本保证，也是社会关系的核心。因此“公断人的正义”强调了基于个体生存需要的分配，更具有正义性，无关数量上的平均，平等是相对而非绝对的。

在对待全球碳排放责任分配问题上，如果只单纯从眼前的排放量出发，就相当于简单的平均分配，不符合公平正义的法理要求。发达国家走过了相当长的工业发展期，对碳排放负有主要的历史责任，应当对当今世界的气候变暖问题承担更多义务，累积至今的气候问题，不是一朝一夕形成的，历史上发达国家享受了更多的排放，并因此获取了更多的经济发展利益，因此，承担更多的减排责任，符合之前获取的减排利益，是一种补偿义务。

气候变化从人与自然两个视角引发了对公平问题的讨论：一是对环境权利与环境伦理的关注，二是气候变化对不同群体的发展权利的影响。有观点认为：气候变化问题对于发展中国家来说从来就是不公正的。贫富差距问题并不当然涉及“正义的公平”的本质，更大的社会不公是因为弱势一方往往会因正义权利被忽视，而陷入一种恶性循环的生存困境。因此，发展中国家环境恶化、排放量增加是结果而不是原因，对于解决国际气候排放的权利义务问题，需要进行新的思考。

在许多情况下，发展中国家的处境恶化是与发达国家在科学技术和经济方面拥有强大的优势并在某些领域滥用这种优势有关的。因此，可以通过给予发展中国家某些固定权利，以弥补其应有的权利。发展中国家的环境与经济发展的恶性循环在性质上是一种最严重的不正义，需要予以矫正。从这个角度来看，正义制度中基于矫正正义的安排是对形式正义的否定，是通过一种差别待遇的制度安排，来实现矫正不公平的目的，因此区别责任属于矫正的正义。

五、共同但有区别责任体现了利益平衡

利益是人们行为的驱动力，古往今来，学者们都试图给出不同

的诠释，从墨子的“兼相爱，交相利”到司马迁的名言“天下熙熙，皆为利来；天下攘攘，皆为利往”。利益首先体现为个人的向往和追求。正如马克思曾指出：“人们奋斗所争取的一切，都同他们的利益有关①”。人们获取利益，是为了满足某些需求和愿望，庞德认为，利益是个人对享有某些东西或做某些事情或他不想做的事情的要求、愿望或者需要。② 人们对利益的需求，出于个人主义，人们都追求各自利益的最大化，因而必然产生利益冲突。正如庞德所说，人具有双重本性：一方面，是相互合作的社会本性；另一方面，是个人主义的本性，因而就有不同的主张和要求。但是任何一个社会都不可能满足所有不同的要求，因而就会导致人们相互之间的冲突。这也就是说，这里存在有限和无限之间的矛盾；人们的各自不同的要求是无限的，但社会满足这些要求的机会是有限的，这种情况必然产生相互利益的冲突。③

罗尔斯认为，社会虽然是一个为实现相互利益而进行合作的冒险形式，它却不仅具有利益一致的典型特征，而且也具有一种利益冲突的典型特征。由于社会合作，存在着一种利益的一致，它使所有人有可能过一种比他们仅靠自己的努力独自生存所过的生活更好的生活；另外，由于这些人对他们协力产生的较大利益怎样分配并不是无动于衷的（因为为了追求他们的目的，他们每个人都更喜欢较大的份额而非较小的份额），这样就产生了一种利益冲突，就需要一系列原则来指导在各种不同的决定利益分配的社会安排之间进行

---

① 《马克思恩格斯选集》（第 1 卷），人民出版社 1995 年版，第 82 页。

② ［美］罗·庞德：《通过法律的社会控制法律的任务》，沈宗灵等译，商务印书馆 1984 年版，第 75 页。

③ ［美］罗·庞德：《通过法律的社会控制法律的任务》，沈宗灵等译，商务印书馆 1984 年版，第 75 页。

选择，达成一种恰当的分配份额的契约。① 利益冲突之所以是必然的，是因为人类社会是由相互联系着的不同的利益主体构成的，不同利益主体的客观存在和利益的自私天性及盲目性、资源的稀缺性，还有人们的需求的不断增长性，这些因素共同导致了利益冲突的客观必然性。②

国家间的利益冲突也是如此，国际经济一体化虽然使得国家间的相互合作和相互依赖进一步加强。但与此同时，全球生态破坏、资源面临枯竭又使得全人类的利益面临威胁，经济发展和环境资源有限性的矛盾日益突出，以至于国际社会不得不积极采取措施，寻求解决之道。在谋求国际合作以满足各国利益需求的背景下，国际法对各国的主权行为限制，以确保其权利的行使不致损害其他国家的利益。各主权国家基于对国际社会共同价值的尊重（如保护环境），需要对各国的行为加以必要的约束和限制，国家主权原则受到挑战，各国通过参与国际多边协议的方式，履行对部分国家权力让渡的义务，以实现合作，获取更大的国家利益。相比对国内经济主体的权利限制，整个人类社会的利益保护具有优先性。当然，对权利限制的方式和标准还需要考虑其他综合因素，需要通过复杂而科学的计算，也要结合个体所处的社会经济发展状况，以及生存和发展的客观需要。

纵观国内外的利益冲突发展现状，国际社会的利益冲突主要表现在：（1）主体需要的多样性和无限性与利益资源有限性之间的矛盾一直存在，人类所可利用的资源相对于需求的满足永远处于稀缺状态；（2）利益需求的多样化和利益立场的截然对立导致利益冲突的空前加剧，各种独立的利益主体在争夺有限的资源，新的需求和

---

① ［美］约翰·罗尔斯：《正义论》，何怀宏、何包钢、廖申白译，中国社会科学出版社1988年版，第5页。

② 王伟光：《利益论》，人民出版社2001年版，第8页。

利益寻求法律的保护以实现其正当化需求，弱势群里争取更大的利益空间，利益冲突进一步多元化和白热化。现代自由与平等意识的兴起，使多元利益主体所追求的多样性和无限性的利益需求逐步取得了正当性基础。

尽管不同主体间的利益冲突总是存在，但可以被调整至现实社会能够接受的范围，并符合社会主流价值观和社会发展方向的状态，这种调整就是利益平衡。平衡作为现代法律的精神，既是一种状态，也是一个过程。利益平衡是力求每个主体追求利益的欲望能够得到最高程度的满足，“是在一定的利益格局和体系里表现出来的各种利益既相互依存，又互相对立，处于相对的可以共存的一种均势，一种相对稳定的状态。”① 利益平衡，表现在法律制度上就是实现多元利益的平衡，实现权利义务的总体平衡。平衡状态本质上是自由与平等、公平和效率关系均衡的实现，利益主体的法律权利、义务及责任在量上的协调和均衡。在追求利益和处理利益冲突的过程中，法律被作为最重要的手段。博登海默指出，法律的主要作用之一就是调整及调和上述种种相互冲突的利益，无论是个人的利益还是社会的利益。② 还有学者指出，“法律是以实现当事人双方利益关系的平衡理论为出发点和归宿的……本质上说利益平衡是经济效率和社会公平正义之间的平衡。”③

在设计法律制度时，必须要考虑到效益价值、各方利益的平衡与统一，只有解决了利益衡平问题，国际合作法律机制才能得到各国的支持，也才能发挥出应有的作用。解决利益衡平，必须从公平

① 蒋浩：《正义名义下的利益考量——诉讼时效制度研究》，贵州人民出版社2011年版，第19页。

② ［美］博登海默：《法理学、法律哲学与法律方法》，邓正来译，中国政法大学出版社2004年版，第414页。

③ 陈文：《21世纪生态保护立法趋向研究》，黑龙江大学出版社2015年版，第150页。

正义出发，离开了公平正义，利益衡平也就成了空谈。利益本身的正当性问题，或者说利益和利益之间的优先性问题，需要公平正义的标尺来衡量。

共同但有区别责任原则，体现出了气候变化与经济发展中不同利益的平衡。

一是考虑了气候变化对国家利益影响的多样性。在具体国家责任的分配上，并没有简单以发达国家、发展中国家以及落后国家来划分责任，在环境需求的紧迫性和环境压力的现实性等方面，各个国家的利益立场存在多样性，如发达国家可以划分为：有减排责任能力且环境利益较大的发达国家、有减排责任能力且环境利益较小的发达国家；发展中国家可以划分为：有减排责任能力且环境利益较大的发展中国家、有减排责任能力且环境利益较小的发展中国家、无减排责任能力且环境利益较大的发展中国家、无减排责任能力且环境利益较小的发展中国家等。根据各个国家不同的履行能力和利益立场来具体分配各国的减排责任，既要实现公平又要能为各国所接受，关系着共同但有区别责任原则能在多大范围内发挥作用。

二是考虑了承担减排义务艰巨性与经济发展要求存在矛盾。经济社会发展对能源的依赖程度越来越高，任何一个国家要采用减排技术都可能意味着增加成本，还可能因此降低本国经济的竞争力，而减少排放的好处却是由全人类进行分享。在已有的一系列气候变化国际法律文件中，共同但有区别责任原则被反复强调并体现。尽管面对减排履约的艰巨性，以及各国现实的经济社会发展压力，使得《公约》（即《联合国气候变化框架公约》）《京都议定书》等文件所确立的温室气体减排目标至今仍然难以实现，但是共同但有区别责任原则已经正视到了这种矛盾与艰巨性。

第三章 典型国家和区域应对碳泄漏的做法

第一节 美国碳泄漏的立法现状

美国政府在应对气候变化问题的国际舞台上并没有起到引领作用，美国退出《京都议定书》的行为不仅是对各方减排积极性的挫伤，而且是对全球强制性温室气体减排行动的直接破坏。2015 年，《巴黎协定》谈判过程中，美国政府表现出了持积极支持的态度，时任美国总统奥巴马盛赞该协定是“世界的转折点”。但是，2017 年 6 月，美国政府宣布退出《巴黎协定》的多边气候进程，再次损害了全球气候治理合作的普遍性。特朗普政府上台后，将气候变化与政治问题等同起来的倾向日趋明显。

与在国际气候合作中的消极态度不同，美国政府在应对气候变化的国内立法上可谓有所作为。尽管直到今天，美国还没有在联邦立法层面制定出一部综合性的气候变化法，但美国在区域削减碳排放的成就可谓有目共睹。根据美国环境治理的传统，美国联邦政府和地方政府在环境事务上遵循“环境联邦主义”，即美国联邦政府负责制定环境法规，地方政府负责执行联邦环境法规，通过以联邦环境法为准则制定本地的环境法。实践中，美国地方立法走在联邦立法的前面，特别是区域气候立法影响更为深远。

美国的许多州和地方政府在各自的管辖范围内实行的强制性的

温室气体排放总量控制计划①，这与欧盟排放交易计划，英国排放交易计划等遥相呼应。关于美国的区域环境管理制度，可以追溯到1970年《美国清洁空气法》，美国联邦政府以“国家空气质量标准原则”为指导，建立了相应的国家空气质量标准。由于区域性制度并不能解决所有的二氧化碳排放源问题，而且可能促使企业将排放源转移至没有温室气体排放限制制度的国家和地区，导致减排措施并不能使得与当地消费相关的实际碳排放减少，形成碳泄漏。因此，美国学者也认为在目前的国际贸易法律框架内，解决区域监管上的挑战存在困难，试图解决碳泄漏问题还可能会被认为是一种伪装的经济保护主义。② 尽管如此，排放泄漏的计算和控制对于任何一个次全球碳减排制度的成功来说都至关重要，美国地方政府就控制碳泄漏的制度设计，做了有益的尝试。

一、东部各州的区域减排制度与碳泄漏的防范措施

（一）法律框架：区域温室气体倡议

区域温室气体倡议（The Regional Greenhouse Gas Initiative，以下简称 RGGI），是美国首个基于市场的强制性区域性温室气体总量控制与交易制度。该制度旨在区域内采用强制减排措施，限制碳排放，③ 从而使得区域内的污染源排放量保持稳定。各州是否参与 RGGI 是一种自愿性选择。康涅狄格州、特拉华州，新泽西州、新罕布什尔州、缅因州、佛蒙特州、纽约州以及随后加入的马萨诸塞州、

① 如区域温室气体倡议（2005年12月20日），谅解备忘录，第6条（C），在下文中缩写为“RGGI MOU”；《加利福尼亚健康和安全法》38501。

② Rabe，B. G. et al.，State Competition as a Source Driving Climate Change Mitigation，*The Regional Greenhouse Gas Initiative*，*New York University Environmental Law Journal*，2005 Vol. 78，pp. 43 – 50.

③ RGGI 仅包括了二氧化碳的排放限制，并没有对其他温室气体进行监管。

罗得岛州、马里兰州都参与其中，各自采用了类似措施，在全州范围内限制二氧化碳的排放总量。RGGI 于 2009 年正式启动截至 2017 年，已进入第三个控制期。

与我国全国碳市场初期一致，RGGI 也仅仅覆盖电力行业。在几个不同的区域性输电组织（Regional Transmission Organizations，RTOs.）和独立系统运营商（Independent System Operators，ISOs.）的范围内运作——这些运营商管理 RGGI 地区的电力输送网络。由于并不是所有的区域性输电组织和独立系统运营商都加入了 RGGI，所以非 RGGI 地区的电力也可能输入 RGGI 地区，导致排放泄漏，但各 RGGI 成员州仍然采取强制性碳排放限制，同意在 2009—2014 年期间将二氧化碳排放保持在 2009 年的水平上（预计随着区域内的经济增长，将有效地减少排放），并在随后至 2018 年，每年降低 2.5% 的二氧化碳排放。至 2018 年，所有的排放总计将达到一个公平适度的排放减少量（在 2009 年的水平上下降 10%）。考虑到预计的经济增长因素，减排后的排放量相对于正常经济情况下的排放水平降低约 35%。①

为实现上述减排目标，RGGI 通过向每个电力生产企业（碳源）分配一定的碳排放配额的方式，控制企业的碳排放量。允许企业通过交易，获得其他企业因减排或投资减排工程而有结余的配额，又被称为“排放补偿”。通过交易获得配额的方式，是企业维持超过配额排放量的一种方式，而交易金额则被记入成本之中，由此可能导致 RGGI 企业的生产成本高于非 RGGI 地区的企业，有发生“碳泄漏”的可能，为此，RGGI 采取了一系列措施，其中最重要的，是包括安全阀机制在内的一系列成本控制措施。

（二）具体措施：安全阀机制

安全阀作为一种减缓机制，是 RGGI 主要的成本控制措施。当企

① ［荷］迈克尔·福尔、［荷］麦金·皮特斯主编：《气候变化与欧洲排放交易理论与实践》，鞠美庭等译，化学工业出版社 2011 年版，第 138 页。

业在减排政策下的成本增加至预先确定的阈值时，就将规定的某些成本降至最低水平。具体说来，在企业为满足排放需求，进行配额交易时，如果配额的价格过高，则企业的履约成本升高，因此，当配额价格达到或超过了预先设定的阈值时，RGGI 就向市场投放储备的配额，由此，RGGI 通过削减制度的附加成本来解决泄漏问题。

另外，从数据上看，RGGI 的发电和非 RGGI 的发电价格并没有太大的差异，成本增加不会造成严重的碳泄漏，只要附加履约的成本控制得当，就可以把碳泄漏控制在可接受的水平上。①

安全阀机制并非 RGGI 的首创，1990 年《美国清洁空气法》中的酸雨计划也设计了安全阀机制，被监管企业在配额的额度内排放，而配额交易被设置了一个实质性的价格上限，由价格上限直接控制减排成本。由此带来的问题是：企业对于减排成本可以预知，并基于此判断投资新的减排技术是否经济，只有在采用新技术的成本低于配额上限时，企业采用新技术才是有利的。

RGGI 的安全阀机制与酸雨计划不同，RGGI 的配额价格可随着市场及其他各种情况发生变化，只有当配额的市场价格超过一定的触发水平（trigger level）时，安全阀机制才会启动，企业可以决定购买市场上的配额，或是在减排成本可能更低的区域补偿产生的排放，但为了避免企业以投资减排工程的方式，过多地获得额外的排放配额，即“补偿”，② 导致发展新的清洁生产技术的目标不能很好地实现，RGGI 限制每个企业用以确保自身遵从其二氧化碳净分配量

① ［荷］迈克尔·福尔、［荷］麦金·皮特斯主编：《气候变化与欧洲排放交易理论与实践》，鞠美庭等译，化学工业出版社 2011 年版，第 136 页。

② 根据 RGGI 备忘录，受监管的企业可以投资从而获得排放补偿的工程有：天然气、民用燃料油和丙烷的能源效率，沼气及其燃烧，从动物活动中捕集甲烷，在非森林区造林，以及输送和配电过程中减少六氟化硫（SF_6）的排放等。参见《RIGG，INC》，https：//www. rggi. org/rggi – inc/contact，最后访问 2018 年 7 月 21 日。

的补偿量。

在安全阀机制下，补偿的比例根据碳配额的价格不同而有所变化。如果碳价超过最低限额 7 美元/吨（2005 年的美元价格），企业可购买的补偿可占其总分配量的 5%，并且可选用的补偿范围扩大至整个北美。如果碳价升至 10 美元/吨（2005 年的美元价格），那么国际范围内的补偿都可以选用，可购买的补偿可达到总分配量的 10%。[①]

但是，在 RGGI 的实施过程中，出现了配额严重过剩的情况，为此，2013 年，RGGI 实施了配额总量设置的动态调整，对 2014 年开始的配额总量进行了大幅削减，同时，引入成本控制储备机制（cost containment re - serve，CCR）替代安全阀机制，在配额拍卖中，当拍卖价格升高到一定程度时，即增加拍卖配额的共计，从而抑制拍卖价格，触发 CCR 进入拍卖市场的配额价格被称作“CCR 触发价格”，在实践中，CCR 价格逐年呈现小幅增长，通过这些政策调整，RGGI 一级市场的配额拍卖价格和参与交易主体数量逐步提升，活跃度明显提高，市场流动性增强。

（三）东部区域应对碳泄漏措施评价

RGGI 通过最初的交易机制设计以及之后的政策调整，较好地实现了各成员州在碳交易市场上开展交易活动。RGGI 利用共同签订谅解备忘录的方式，达成了各州可以行动一致的活动规则，较好地协调了各成员州之间自主性和系统性的关系。在市场存在能源价格和供求关系波动的情况下，评估和动态调整机制起到了重要的作用，保证在碳交易市场的活跃性，尽管存在竞争即减排政策的地区差异存在，导致碳泄漏的因素并不能消除，但已有的数据表明区域减排

① 《RIGG》，INC，https：//www. rggi. org/rggi - inc/contact，最后访问 2018 年 7 月 21 日。

措施并未引起大面积、高比率的碳泄漏。

事实上，RGGI 区域实际减排量大大超过预期。2009—2016 年，RGGI 覆盖范围内的排放量下降了 35%。[①] 除去燃料价格的刺激因素，RGGI 的排放总量限制在一定程度上激励企业提高能效并增加非化石燃料使用比例以完成减排目标。同时，在拍卖收益再投资的利益驱动下，企业积极投入能效提高及清洁和可再生能源项目中去，RGGI 的实践证明，区域、地方经济以及能源消费者能够从温室气体减排中直接受益。

二、西部各州的区域减排制度与碳泄漏的防范措施

（一）法律框架：西部气候倡议

2007 年 2 月，西部各州[②]组成了“西部地区气候行动倡议”（Western Regional Climate Action Initiative Agreement，以下简称 WCI），其宗旨是“合作进行温室气体减排方法的识别、评估和实施”，目标是发展“一个基于市场的区域性多行业参与机制，如基于符合的总量控制与交易制度，从而实现区域温室气体减排目标”[③]。目前，WCI 成员已扩大到包括犹他州、蒙大拿州在内的美国的七个州，以及加拿大的西南部的四个省份。[④]

WCI 为各个成员制定了具体的区域减排目标，美国加利福尼亚州碳减排目标是 2020 年的排放量与 1990 年相同，魁北克的减排目标更高，但魁北克的经济规模只有加利福尼亚州的 1/6，这意味着魁

① 齐绍洲、程思：《美国电力行业碳市场建设的主要经验借鉴》，载《电力决策与舆情参考》2017 年第 47 期。

② 西部各州包括亚利桑那、加利福尼亚、新墨西哥、俄勒冈和华盛顿等。

③ 西（亚利桑那、加利福尼亚、新墨西哥、俄勒冈和华盛顿）部地区气候行动倡议（Western Regional Climate Action Initiative），谅解备忘录，第 1－2 页。

④ 具体是：不列颠哥伦比亚省、安大略省、魁北克省和马尼托巴省。

北克的配额需要量将超过加利福尼亚州，减排目标高可能拉高市场价格，区域间存在碳泄漏的可能性。

2008 年 9 月 23 日，WCI 发布了 WCI 区域配额交易计划的设计建议。2010 年 7 月 27 日，WCI 发布了 WCI 区域计划，进一步说明了制度设计的相关要素，在 WCI 成员的管辖区域内设计了一个减排路线图，具体包括：①通过碳交易机制，包括配额的储存和交易，使各个企业有机会降低减排成本；②旨在减轻经济影响，包括对消费者的影响，对民众的收入和就业的影响；③平衡 WCI 成员各自管辖区内的规则，以最大限度地提高整个地区的总效益，包括减少空气污染物、能源使用的多样化等，实现推动经济，环境和公共健康的目标，同时也避免因局部的环境政策产生碳泄漏，乃至对经济造成影响。

（二）具体措施：加利福尼亚州的强制性总量控制与交易制度

在对温室气体采取强制性措施的问题上，加利福尼亚州走在西部各州的前面，2006 年 9 月 27 日，加利福尼亚州《全球变暖解决法案》出台，该法案旨在通过一项全面计划，涵盖全州范围内几乎所有的排放源，减少温室气体排放，应对气候变化。法案拟采用市场激励机制，将减排分为两个阶段：第一阶段是 2012 年 1 月 1 日至 2020 年 12 月 31 日，将 1990 年的排放水平作为参照基准，计划到 2020 年，实现排放量与 1990 年持平；法案要求加利福尼亚州空气资源委员会（California Air Resources Board，即 CARB）出台相关的法律和市场条例以保证减排目标的实现。第二阶段是 2020 年之后，由加利福尼亚州空气资源委员会针对温室气体排放和管理提出建议。

根据法案的授权，加利福尼亚州空气资源委员会将建立碳交易市场机制，针对“电力、石油加工和州内燃料供应”等行业领域，力争在成本最小化、总体经济效益最大化的前提下，减少包括二氧化碳等在内的六种温室气体的排放，然而，该制度仍然希望能涵盖其他主要企业的排放源。加利福尼亚州此项减排计划的最重要问题之一，是决定是否允许温室气体排放配额和信用进入市场交易，鉴于计划的雄心勃勃，充分的市场交易被认为是必不可少的，在配额充分流动的情况下，实现总量限制的目标。但是如果市场规则不清晰，配额的分配不确定，市场的供需乃至价格就会变得不确定。①

2010 年 12 月 17 日，加利福尼亚州空气资源委员会决定实施碳排放总量控制与交易制度，向企业发放总数固定的排放指标，其中一部分是免费配额，另一部分则是面向企业进行拍卖。加利福尼亚州碳市场对价格和配额的设计分为三个阶段：2013 年至 2014 年为第一阶段；2015 年至 2017 年和 2018 年至 2020 年分别为第二阶段和第三阶段，每一阶段的配额分配和价格限制各有不同，逐年有稳步的减少。

企业必须有足够覆盖自身需要的排放配额，而且多余的部分可以推迟到下一个年度，但是提前预支下一年度的配额则不被允许。此外，企业还可以将多余的排放配额转让或出借给其他企业。法案规定的总排放指标每阶段都会减少，由此导致排放指标稀缺，实现减排目的。这一制度将首先适用于一些主要的排放领域，如公用事业和大型工厂，到 2015 年，该规则将适用于燃料分销商，整个加利福尼亚州最终将有 360 家企业加入进来，市场将在监管和免费配额分配的条件下开展业务。免费配额的分配因行业而异，但一般会占到企业整体排放量的约 90%，这一比例将随着时间的推移有所下降，企业需要通过交易来获得的排放配额比例会逐年提高。对于任何额外的排放，企业必须通过购买额外的配额来使其排放合法化。加利福尼亚州的总量控制和交易方案预计可通过“西部气候倡议”，在加拿大的不列颠哥伦比亚省，安大略省，马尼托巴省和魁北克等地实施。②

---

① Patrick J. , Bicoastal carbon trading: California and RGGI markets mapped out, *Evolution Markets Executive Brief*, 2006, 29: 1 – 3.

② Premier Gordon Campbel, Appendix A. : Western Regional Climate Action Initiative Agreement. Design Recommendations for the WCI Regional Cap – and – Trade Program, 最后访问 2008 年 9 月 23 日。

目前美国加利福尼亚州碳排放交易市场已成为世界第二大碳市场，仅次于欧洲。在制度设计上，加利福尼亚州的碳市场建立了一个“三年后”的拍卖机制。即在每年的拍卖中，在拍卖当年的年份配额之外，拿出三年后配额的10%提前销售，如2012年就顺利预先拍卖出10%的2015年份配额，这一设计使得那些希望通过提前购买配额对冲的企业有了施展余地，企业主动选择提前，而不是迫于政策强制，原因是他们发现在商业意义上提前购买有利可图，通过提前购买未来的限额，企业可以更加灵活地进行排放贸易。

（三）西部区域应对碳泄漏措施评价

WCI的制度设计，从创新性来看，可以从两个方面把握其对碳泄漏的控制，即经济原则和同一化原则。

经济原则是设计出更低成本的碳配额和交易制度降低碳泄漏的影响，因为碳泄漏多半是因不同的碳配额和排放交易制度带来的区域差别。加利福尼亚州十分关注碳泄漏问题，针对进入加利福尼亚州碳密集程度较高的问题，公用事业委员会（California's Public Utility Commission）采用基于负荷的排放总量控制的方法来执行总量控制与交易制度。通过对负荷服务企业（Load - serving entities，LSEs）进行控制，将产生排放的源头纳入管制范围，这些企业是从源头购电并向终端消费者出售电力的私营公司。这样一来，负荷服务企业就不得不考虑购买排放温室气体较低的电力，从而实现了对加利福尼亚州所有的电力消费进行监管。通过这种制度设计，解决了监管区域外的能源密集型企业的可能。

同一性原则是力求区域内政策的统一性和完整性，目的同样是消除“差别”。这些制度设计在一国之内确实可以起到较好的作用，但如果放在国际碳减排的语境下，在各国各自迥异的国家利益面前，则面临困境。当一国愿意增加减排承诺，且其他国家也作出同样的决定，那么国家间合作的可能性更大也更容易。如果一个国际机制的存在使国家能够做出有约束力的承诺。反之，如果国际合作不能广泛建立，仅一方作出有约束力的承诺，大幅减少排放，可能反而缓和气候行动的紧迫性，其他各方在谈判中有背道而驰的可能，违背同一性原则意味着可能使其他利益相关的国家和地区因不承担强制性义务而在某种意义“有利可图”，从而增加在各自司法管辖区内的高碳活动，产生“碳泄漏”危害。

此外，即使在区域内实行了强制性减排，来自排放企业的压力及各种经济发展需求也使能否有效执行配额制度存在一定的不确定性。加利福尼亚州总量控制与交易系统设计精巧，配额直接影响供给和需求之间的关系，进而左右碳价，免费配额的比例经过市场机制运行的检验，被证明还有进一步调整的空间。2013 年 9 月，加利福尼亚州空气资源委员会表示，将考虑是否增加 1/3 的免费配额，分配给一些为实现减排目标而面临高成本的企业，包括精炼厂、金属制品厂，等等。免费的供应直接影响碳配额交易的价格，获得免费配额的公司购买需求降低，供求关系直接影响市场价格。之所以提出这样的方案，一方面，可能是相关排放企业不断游说的结果，另一方面，又似乎可以从加利福尼亚州《全球变暖解决法案》中找到依据，在法案中，空气资源委员会有义务防止“泄漏”，必须要采取有效措施避免因加利福尼亚州碳市场的建立而导致的排放企业和工作岗位流动到其他没有排放限制的地方去。至本研究进行时，加利福尼亚州是否会确定增加免费配额，还不得而知。但至少可以看出，WCI 和加利福尼亚州尝试构建的强制减排的总量控制与交易制度，确实能对市场和排放起到调节作用，但能否执行，能否全面执行，以实现预期效果，还有很长的一段路要走。①

---

① 姜明：《美国应对碳泄漏的法律防范及中国借鉴》，载《环境保护》第 23 期。

三、州气候变化应对措施

在美国地方立法方面，诸多州均有单独采取一定措施来应对气候变化的成功实践。除前面提到的加利福尼亚州通过了《全球变暖解决法案》（或称第 32 号议会法案，AB－32）。[①] 例如，俄勒冈州开创了气候信托机制（Climate Trust），要求所有新的电力发电厂必须确保其碳排放比天然气电厂的碳排放低 17% 以上，并由此打开了碳排放交易方式；[②] 伊利诺伊州创设了农业碳信用计划，依据该计划改变农业生产做法以产生碳信用；[③] 华盛顿州为碳排放项目提供税收激励，致力于碳减排的企业可以获得商业税收优惠，华盛顿特区推行可再生能源标准销售的电力中有一定比例的可再生能源。[④]

总体来看，美国诸多州为应对气候变化采取的政策和措施不失为有益的尝试，在直接立法方面，加利福尼亚州也成为地方立法的先行者。有的州提出了明确的减排目标，还有的针对具体项目采取经济激励措施，如电厂的碳排放，碳排放交易等。

四、联邦政府的碳泄漏法律应对措施

尽管《京都议定书》中对碳泄漏率的模拟估算为 5% －20%，但是发达国家的相关研究认为：能源密集型的大宗商品，如水泥和钢铁等，实际碳泄漏率可能会高得多。约有一半的泄漏是由于美国

① California Global Warming Solutions Act of 2006，Environmental Policy Collection ，2006.

② Oregon Power Plant Emissions Standards.

③ Illinois Conservation & Clmiate Initiative.

④ Engel，K. State and local climate change initiatives：What is motivating state and local governments to address a global problem and what does this say about federalism and environmental law?，The Urban Lawyer，2006，(4).

与没有减排政策的国家进行贸易引起的，另一半则是非附件 I 国家作为贸易伙伴有更高的排放量，因为他们有更低的燃料价格。① 芝加哥大学和阿贡国家实验室的一个研究小组进行了一项最近的研究显示，碳关税可以很好地解决碳泄漏问题，有利于促进全球减排，并使碳泄漏率保持在一个较低的水平②。但是，在联邦政府层面的相关立法，更多的考虑仍然离不开贸易保护主义。

（一）法律框架：两个法案的提出

1. 利伯曼 - 华纳气候变化法案

2007 年，《利伯曼 - 华纳气候变化法案》（Lieberman - Warner），出台，该法案在东部区域减排制度的基础上，尝试将区域减排制度安排运用到联邦国家。

该法案的目标是以最低成本实现减排，寻求在全国性制度框架下解决碳泄漏问题，目标与 RGGI 不尽相同，是希望保护国内企业的竞争力，在与国外那些不受减排规制企业的竞争中，不至因此受到不利的影响。为此，法案创建了一个详细的碳交易制度，允许电厂、炼油厂和生产企业以交易的形式来满足排放需求。企业在减排项目上投资，将投资领域进一步扩大到农林业，农民可以减少腐烂有机物在土壤中的含量，增加土壤的碳储量。农林业碳汇被认为是有效的控制企业碳交易费用的渠道。此外，还创建了碳排放总量控制与交易（cap and trade）制度，在排放总量一定的情况下，允许企业相互之间进行碳排放额的交易，或者将未使用完的配额储存起来，企

---

① Daniel A. F. , Carbon leakage versus policy diffusion: the perils and promise of subglobal climate action, *Chicago Journal of International Law*, 2013, 13 (2).

② Joshua E. , Ian F. , & Sam K. et al, Unilateral carbon taxes, border tax adjustments, and carbon leakage, *University of Chicago Institute for Law and Economics Working Paper* 600, Feb 2012.

业还可以出借这些额度，获取利息。①

这部法案最终被参议院否决，但仍然引起了广泛的关注，碳排放总量控制与交易（cap and trade）的概念与我们俗称的碳交易（carbon trading）的区别在于，突出了总量控制的概念，在强调总量控制的基础上，才考虑给予企业排放配额，这种方式对企业采用清洁技术和生产方式的激励作用更有力。而通常我们关注的碳交易，不能反映交易和减排效果的关联问题，企业更多的关注点在交易行为本身带来的利润，而不是减排。从这一点来看，法案提出的激励减排制度值得肯定。另外，保护措施的设计如何与现有的国际贸易规则兼容，则是立法设计者必须面对的困境。有观点认为，美国《利伯曼-华纳气候变化法案》不考虑发展中成员的经济条件和其他特殊情况，可能构成对贸易的变相限制，从而违反 GATT（General Agreement on Tariffs and Trade，即《关税和贸易总协定》）第20条引言中禁止不当歧视之要求。② 可见，区域性制度试图将泄漏最小化并建立更加宽松的法律环境，但还未能在国家层面解决碳泄漏问题。

2. 清洁能源与安全法案

2009年6月26日，美国众议院通过了2454号《美国清洁能源与安全法案》（以下简称 ACESA 法案），该法案分为“清洁能源”“能源效率”“减少全球变暖污染”“向清洁能源经济转型”四大部分，明确规定在美国国内建立统一高效、透明和公平的温室气体排放限额和交易体系，逐步减少温室气体的排放数量，条款中设置了主要碳排放源的排放总额限制，相对于2005年的排放水平，到2020年计划削减17%，到2050年计划削减83%。

---

① The Boxer - Lieberman - Warner Climate Security Act Substitute Amendment, http://www.nrdc.org/legislation/factsheets/leg_07121101A.pdf，最后访问2013年11月5日。

② Paul - Erik V., Carbon Tariffs and The WTO: An Evaluation of Feasible Policies, *Journal of International Economic Law*, 2009, 12.

ACESA法案的第三部分关于防止国际碳泄漏的规定值得关注，对于如何解决国际碳泄漏问题设计了详细的条款。由于国际碳泄漏可能在美国和其他没有设定排放限额国家之间产生，或者是由于生产环境被转移到其他没有排放限制的国家而产生。该法案提出，美国应在《公约》（即《联合国气候变化框架公约》）框架下，积极主动地与其他国家达成有约束力的协议，包括行业协议，以敦促所有的排放大国公平地进行减排，使全球减排行动一体化，明确阐述了只有将这些国际协议条款纳入美国气候变化谈判的目标之中，才能解决碳泄漏问题并促使其他国家采取国内措施减少碳泄漏。

（二）防止碳泄漏的具体措施

1. 国际配额储备计划

为了防止碳泄漏，避免因强制减排产生较大的成本增加，ACESA法案针对钢铁、水泥和造纸等高耗能和易受贸易影响的行业设计了免费的配额分配制度。但是，免费配额将逐年减少，直至2035年被淘汰。此外，如果到2018年，美国仍然没有加入统一的国际减排协议，就将建立一个“国际配额储备”计划，该计划拟针对那些没有设定行业排放限额或者其行业能源强度没有降低到相当水平的国家，如果其企业向美国出口高耗能产品，美国将对这些企业要求上交专门的配额，以反映其产品生产相关的碳排放，而来自最不发达国家和最低排放国家的进口商可以作为例外得到豁免，这一计划可被视为是对碳泄漏的一个有效反制。

在前述碳泄漏的控制机制中，碳排放成本的控制是核心思想，ACESA法案采用的方法是用排放抵消用于减少减排成本，设计了每年总量不超过20亿吨二氧化碳国内、国际抵消计划，原则上国内、国际抵消额度各为10亿吨。[①] 2016年以前，国际抵消减排量可以按

---

① 王谋等：《美国清洁能源与安全法案的影响及意义》，载《气候变化研究进展》2010年第4期。

照 1∶1 的比例交易；从 2017 年开始，使用国际抵消指标的美国企业必须用 5 吨国际碳抵消量来抵消在国内 4 吨的碳排放。法案规定，美国环保局局长对于设定有严格强制性温室气体排放总量限制和交易计划的其他国家，可以接受该国的排放配额。同时，这些国家的总量限额和交易计划至少要有和美国相同严格的（也是同样重要的）监测、遵约、执法、抵消减排指标质量以及减排量使用限制的机制，这些配额可以获得签发的信用，从而有机会进入美国的碳抵消市场进行售卖交易。此外，环保局长还可以为没有设定排放限额的国家发放抵消指标，前提是这些国家拥有被《公约》认可的减排项目，且减排量的可靠性相当于或高于美国国内抵消减排项目要求的减排量。从 2016 年起，对于已经使用国际行业碳抵消标准的项目不再签发项目碳抵消信用。①

2. 碳关税措施

美国认为：碳关税是防范碳泄漏的有效工具之一，因此，ACESA 法案对碳关税（边境调节税）政策做了精心安排，对实施对象的范围进行了界定，对符合条件的国家豁免征收碳关税，具体包括：在国际协议中履行义务与美国减排承诺相当的国家；与美国同为特定国际行业协议成员国；具有行业能源或温室气体强度目标且这一目标低于美国及最不发达国家；温室气体排放占全球份额低于 0.5% 的国家；进口份额在美国占该行业不足 5% 的国家。这一规定与“国际配额储备计划”的宗旨相一致，旨在对限额排放体系所涉及产业部门的国际竞争力实施保护。

（三）美国防止碳泄漏的制度评价

ACESA 法案首次在国家层面提出了定量减排的目标，相关制度

① 《美国清洁能源与安全法案专题介绍（三）》，http：//www. cet. net. cn/scans/1246420561797/special3. html，最后访问 2013 年 11 月 14 日。

和措施设计不是精巧，但与其他发达国家相比，减排力度仍显不足，诸如减排激励及交易制度的设计等还存在一些缺陷。如关于配额制度的设计，一是提供的配额数量多，这就直接影响了企业减排的效果，从经济测算来看，在非紧约束的限额总量下，美国国内开展的可再生能源实施和能效提高等项目，以及政府推动经济向低碳转型等政策未必能起到预期效果，企业很难把握未来因减排而产生的成本增加。

美国的碳关税制度也设计了免予征税的对象，那些具有类似国家排放限额总量以及有行业减排目标的市场参与方都在此列，事实上是在很大程度上限制了中国及其他发展国家在相关领域的平等交易，与“共同但有区别责任”相冲突，也有设立贸易壁垒之嫌。

另外，相比美国退出《京都议定书》的态度，奥巴马政府上台后，表现出了对新能源和节能减排的雄心勃勃，奥巴马曾多次明确表示：“气候变化是一个紧迫的和涉及国家安全的问题，否认这一问题的时间已经终结；美国不但将减少自己的温室气体排放，而且还要推动订立国际协议来确保每一个国家都完成自己的那一部分工作。”① 这种看似积极的态度到特朗普上台后，并没有得到延续，从目前这届美国政府的举措来看，未来美国还会进一步加强贸易保护措施，中美贸易摩擦难以避免，但美国联邦政府，特别是各州政府在提高能源使用效率、采用先进的节能减排技术方面拥有丰富的经验，可以为中国的碳排放交易制度建设提供借鉴。

第二节　欧盟应对碳泄漏的立法现状

欧盟在节能减排降耗上所做出的努力值得称道，在应对碳泄漏的问题上，欧盟的立场是：一方面，担心现有的强制减排机制会导

---

① 周琪：《奥巴马政府的气候变化政策动向》，载《国际经济评论》2009年第3期。

致减排效果被抵消，高碳排放的产业竞争力受到冲击从而流向欧盟以外的区域；另一方面，欧盟希望将排放交易体系（European Union Emission Trading Scheme，EU ETS）进一步推广，该体系是欧盟气候变化的基石，是应对气候变化，以符合成本效益原则减低温室气体排放的关键工具。

欧盟碳排放交易体系是目前最大的温室气体排放配额交易的国际体系，是实现了将不同经济领域的设施纳入其中的体系。按照"限额和交易"的原则运作，在31个国家运行，涵盖了超过一万个规模以上的工业企业，覆盖了欧盟将近一半的二氧化碳排放源（40%的温室气体排放），包括电力行业和钢铁、水泥、化工、电解铝、玻璃、塑料橡胶等高耗能部门。① 2008年12月，欧盟修改了排放交易体系指令，其中针对"碳泄漏"提出要求，欧盟应于2009年12月前确认一份部门清单，以了解哪些行业因为"泄漏"受到了显著影响。2010年气候和能源方案是一套具有约束力的立法，旨在确保欧盟满足其2020年雄心勃勃的气候和能源目标。

一、免费配额分配制度

《指令2003/87/EC》设立了碳排放交易体系的基本结构，成员国在国内法律体系下执行该指令时具有广泛的自由。基于欧盟法律的辅助性原则，该排放交易计划的目标实现需要符合立法权限设定的条件。根据法条规定，各成员国可以分别制订本国的国家分配计划，欧盟委员会核准，欧盟委员会主要通过对计划的评估及许可来影响成员国所做出的选择。②

能源密集型行业或子行业面临着来自没有相应二氧化碳减排措

① European Commission，"Emissions Trading System (EU ETS)"，ec. europa. eu，updated November 15，2010.

② 《指令2003/87/EC》第9条、第14条、第29条和附件III.

施的各国竞争者碳泄漏的重大风险，欧盟对这些企业采取的保护措施是提供完全满足它们需要的免费配额。

免费配额的配给标准依据是祖父模式（Grandfathering），这是一种以企业历史排放水平为计量基础的排放权初始分配制度，如果污染者的历史排放量处于一个较低的水平，就能获得更多免费的排放权。在祖父模式下，企业的历史排放量决定获得免费配额的数量，如果企业生产产生的碳排放量远远大于免费配额的数量，那么企业可能会放弃继续在欧盟内部进行生产，而将生产转移至欧盟外的区域，不但可以规避减排费用，还可以将获得的免费配额通过市场出售并获利，从而实现对碳泄漏问题的解决。研究显示，能源密集型行业的碳泄漏主要由企业转移生产环节所致，因此政策设计的着眼点落在了如何鼓励能源密集型企业继续在欧盟进行生产，为了减轻严格的减排政策对能源密集型企业的影响，必然需要帮助企业降低直接成本，完全的免费配额发放使得成本上升问题得以解决，企业的减排压力得到了缓解，可以不需要为了购买排放配额付费，企业减排技术改进，生产工艺优化，减排设备购买等事项都可以分步骤安排，这样一来，对企业成本的影响大大减弱，更为重要的是，参与国际竞争时的成本劣势也得以改善，欧盟企业长期受制于强制减排政策的成本压力得以释放，远期的低碳技术优势还将逐渐显现。

欧盟委员会通过《指令 2003 /87 /EC》作出规定，自 2005 年 1 月 1 日起的三年内，成员应将至少 95% 的配额免费分配，自 2008 年 1 月 1 日起五年内，免费配额为 90%。2008 年 1 月 23 日，《欧盟排放交易体系指令》修订案（2008 年 12 月批准）所引入的对重大变化的讨论，增加了获取免费配额的依据标准，即被认为是暴露于碳泄漏风险下的重要行业或子行业的排放实体，可以分配高达 100% 的免费配额，符合合格排放实体前 10% 的平均排放率的基准，这些行业或子行业将由欧盟委员会与理事会讨论后决定。依据的标准在修订里写明，并要接受定期审查。

这样的规定受到了质疑，基于历史排放量来分配免费配额，是否违反了“污染者付费原则”？因为产生污染的是企业，而政府却拿出了免费的配额覆盖了企业本应支持的排放成本，这种免费分配与历史排放量的更新相结合，可能导致的后果是激励企业提高排放量以获得更多配额的机会。① 但不同的学者对此有不同的看法，如 Woerdman 和 Arcuri 认为免费的分配并没有违反污染者付费原则，对污染者付费原则应从效率和公平两个方面作出分类解释：从效率的角度来看，企业在享受无偿补贴时付出了机会成本，这一成本与配额的价格相当，企业可以选择不使用配额以抵消排放，就获得了出售其排放权的机会，通过效率解释，祖父模式可以被污染者付费原则兼容，而拍卖的部分则更体现了与污染者付费原则的一致性，拍卖不仅保证了污染成本内部化（效率），生产者通过购买津贴，最终将成本转嫁给了消费者，实现了消费与付费的统一。因此，只有分配给企业的配额过多，即超额分配，才会使配额的价格趋近于零替代，结果是没有发生任何的成本内化，最终导致违反污染者付费原则。②

尽管这种辩解实际无法否认免费配额替代了付费这一事实，只能说明“免费”并非百分之百而已。但是，在减排政策内就配额与企业机会成本的分析，确有一定的合理性，如果将机会成本纳入企业生产成本之中，在某种意义上使消费与付费实现了统一，这对于碳泄漏中，由于生产排放逃避了减排成本，从而消费排放也不承担付费责任的问题，提供了思路。在一定程度上说明：排放交易制度对于解决碳泄漏问题，具有重要的工具意义。

---

① Nash J. R. , Too much market? Conflict between tradable pollution allowances and the “polluter pays principle”, *Harvard Environmental Law Review*, 2009, 24: 465 – 535.

② Woerdman E. , Arcuri A. , & Clò S. , Emissions trading and the polluter – pays principle: do polluters pay under grandfathering?, Review of Law & Economics, 2009, 4 (2): 565 – 590.

二、配额拍卖制度

相比免费分配，欧盟委员会近年来用配额拍卖替代免费分配，根据《指令 2003 /87 /EC》，拍卖的可交易配额被界定为在某一指定期间的一吨二氧化碳当量，欧盟委员会允许共同体内的任何人持有排放配额，这些配额都被允许参与排放交易拍卖，在追逐利益的动力驱动下，若拍卖配额价格过高，可能导致生产成本大幅增加。

《指令 2003 /87 /EC》第 10 条第 b 款的规定，是针对高能耗产业采取应对碳泄漏的措施：欧盟委员会应提交分析报告，评价高能耗产业及其下游产业面临碳泄漏风险的情况，并且在此基础上，就碳泄漏对于成员国能源安全的影响作出评估并提出合适的建议，特别是那些与其他成员国的电力连接并不充分以及与第三国有电力连接的成员国。在分析何种措施合适时，应考虑采用任何行业内协议，包括要求有效处理气候变化并导致全球温室气体减排的可监测、可核查和强制执行的协议。

2008 年 12 月，欧洲议会通过《指令 2009/29/EC》，欧盟气候变化政策更趋紧缩，排放交易规范更为严格，目标是在 2020 年前整体温室气体排放量应降低至少 20% （以 1990 年排放量为基准）2012 年起能源密集产业的涵盖范围扩大，包括新部门、新气体，以及航空业均纳入适用范围。此外，欧盟 27 个会员国实施不同的国家配额计划（National Allocation Plans）终止，改为以唯一的欧盟排放总量管制取代。不同的国家配额计划造成分配不均，并且由于各国基于对竞争力的担忧，存在大量分配免费排放限额的可能。不过自 2013 年起，50% 的总排放配额开始拍卖。企业一旦超过免费排放限额，企业必须为其所需要购买的排放额度竞标。

欧盟排放交易计划作为欧盟气候变化政策的关键手段，影响深远。欧盟排放交易计划除了涵盖二氧化碳之外，还包括其他温室气体，即一氧化碳和全氟化碳（PFCs）。为防止碳泄漏，欧盟委员会也曾有提案，拟就已经被确定遭受重大碳泄漏的能源密集型行业与分行业的情况进行分析，如果有必要，则需要对免费分配的配额比例进行调整，或者将被确定为遭受重大碳泄漏风险的行业所生产产品的进口商纳入交易计划的范围内。被纳入的进口商将面临“交出”配额，以此平衡碳泄漏产生的利益冲突。当然，这还仅仅是制度设计者的设想，具体如何操作还需要基于《联合国气候变化框架协定》（UNFCCC）与 WTO 规则进行考量与协调。

自 2013 年起，拍卖的分配方式被全面地适用于电力生产者。欧盟同美国一样，都把减排的注意力放在电力行业上，因为电力行业减排被认为是相对容易和经济的，另外，电力行业不用面对任何非欧盟电力企业引发碳泄漏的竞争，这是因为发电厂在严格的欧洲市场上竞争并因此能够把增加的二氧化碳成本传递给生产企业。在 2013 年，60% 左右的排放配额将被公开拍卖，而且这一比例将逐渐增加，拍卖由成员国来完成。到 2020 年，拍卖方式将全面适用于整个排放交易计划，欧盟委员会将确保以开放、透明和非歧视性的方式对拍卖进行管理，成员国将按照法律规定的比例进行免费分配的配额竞价拍卖，首先从电力行业开始实施，然后在其他行业中逐步开展，成为使排放配额进入市场的核心分配模式，不仅可以将以此获得的收入用于有利于环境保护目的的经济发展，也可以缓解碳泄漏带来的竞争力挑战。

但在欧盟看来，仅靠免费配额和拍卖的手段，仍不足以应对严峻的国际竞争，相关行业仍可能受到碳泄漏的威胁。因此，如何降低拍卖价格，选择合适的拍卖方法也成了制度设计者要考虑的问题，即配额、拍卖的时间以及市场结构三要素。在拍卖交易中，自然人或法人都有权持有排放配额，如果组织大型的拍卖，交易费用可能导致配额价格的升高。在拍卖时间上，是集中拍卖还是经常性地拍卖也是企业关心的问题，如果在较长的周期中，配额价格不可避免会随市场波动，则企业支出成本会存在不确定性的问题，导致企业承担“价格风险”。①

而市场结构的问题，就需要对参与交易的企业做一个区分，大型排放装置的市场规模较大，7% 的最大型排放装置占总排放量的 60%，而最小的 1400 个排放装置的排放量却只占了 0.14%。② 这些大型排放装置属于少数企业，完全有可能以较低的交易费用完成数额较大的交易，而如果参与拍卖并不意味着需要承担高昂的交易费用，那么大范围的公开拍卖会吸引更多的中小型企业参与其中，当然，这必然要求欧盟委员会通过其条例在共同体范围内设定一个“一体适用”且全面协调的公开拍卖系统，准予成员国针对其潜在投标人的偏好自行制定拍卖机制以建立不同的行为激励。

三、替代性的方法

替代性体系即“信用与交易体系”（Performance Standard Rate trading，以下简称 PSR），也叫作“基准与交易体系”或者“绩效标准率交易体系”，这个体系是以单位产量排放或单位燃料排放为基础来确定配额的分配。如果企业生产中的排放量比相关标准中所预计的排放量少，企业可以选择储存或出售这些剩余的信用，当企业排放量高于相关标准时，就必须获得额外的配额来进行抵消，或者取用它自己之前的结余来抵消额外的排放量，生产中的污染量通过调节基准来确定。交易模式并不实现设定污染物总量，或者说缺少对排放总量的事前控制。

有学者认为，在碳泄漏的情况下，PSR 有着更多的优势，因为 PSR 并不需要建立总量控制制度，只要总的污染量比预期高，基准就可以被调整，如果欧洲的企业迁移至减排政策宽松地区，总量控

---

① Milgrom，P. Putting Auction Theory to Work，Cambridge University Press，2004，p. 368.

② ［荷］迈克尔·福尔、［荷］麦金·皮特斯主编：《气候变化与欧洲排放交易理论与实践》，鞠美庭等译，化学工业出版社 2011 年版，第 142 页。

制与交易计划就难以实现预期的效力。① 此时，如果在行业内信用与交易模式，利用一个或多个补偿选择来确保排放总量可能效果更好。

此外，通过基准的时候调整对采用清洁生产方法的企业来说，也更为有利，客观上起到了激励作用。相比祖父模式下的配额制和拍卖方式，信用与交易模式既不会导致欧盟区域外的排放增加，也不存在免费分配下的机会成本，企业在计算成本时更清晰明确，能更好地调动企业自身的技术减排积极性。

四、边境税调整制度

欧盟目前还没有包含碳关税条款的立法，但欧盟条约中有关于边境税调整的规定，欧盟的边境税调整与 GATT 的相关规定不尽相同，特别是以下两点：

（1）根据欧盟法律，对原材料和能源等产品的前期投入所征收的环境税很难进行边境调整，不论生产过程中所消耗的原材料是否转化为最终产品的组成部分。

（2）欧盟法律允许根据产品的生产和加工方法、原材料或生产质量的不同对同类产品收取不同的税费，但这种不同的税费必须符合国民待遇原则，不构成对进口产品的变相歧视或为国内产品提供保护。在判断是否构成对进口产品的变相歧视或为国内产品提供保护上，如果大部分进口产品适用较高税率，或大部分国内产品适用较低的税率，就很可能构成对进口产品的变相歧视或者为国内产品提供了区别于进口产品的特别保护。此外，欧盟正在积极推动对产品的生产和加工方法实施环境措施。②

---

① Weishaar, S. Law and Economics Analysis of the Eurpean Greenhouse Gas Emissions Trading System: Allocation and Competition, *PhD thesis*, *Maastricht University*, *The Netherlands.*, 2007.

② 边永民：《国际贸易规则与环境措施的法律研究》，机械工业出版社 2005 年版，第 82 页。

五、欧盟防止碳泄漏的制度评价

回顾1999年5月排放交易在欧盟委员会上被首次提出，在短短十几年时间里，温室气体排放需要花费代价这一观念已经深入人心，如果说十几年前欧盟成员国在此问题上还有不同的政策立场，那么时至今日，欧盟排放交易体系已经成为被广泛接受的事实和每届欧洲气候政策的重点内容，将市场工具运用于环境政策已经成为共识。

在制度建设层面，31个拥有着不同经济结构和制度环境的成员国，可以建立注册、衡量基准排放、监测报告、核准等一系列共同规则，并且能够在如何分配配额问题上达成一致，不能不说是一个巨大的成功。尽管争议仍然存在，但在共同应对区域减排带来的碳泄漏问题上，各成员国基于共同的减排政策选择，也拥有了共同的利益立场。

显然，不同的分配规则将有差别地在污染者之间对排放总量进行分配，不同的规则运用标准将倾向于对部分污染者有力。例如，基于历史排放的祖父模式，其执行结果是最恶劣的污染者有更多的配额，这些污染者在市场上销售这些配额并获得利润。①

在采用边境税调整措施方面，欧盟将对规制的视野放到了生产和加工方法、原材料或生产质量上，而GATT规则下，只要产品的使用价值、消费属性或是消费者的认知相同，就都被认为是相同的产品。欧盟这样的规定可以看作为了实施碳关税做准备。

① ［荷］迈克·尔福尔、［荷］麦金·皮斯特主编：《气候变化与欧洲排放交易理论与实践》，鞠美庭等译，化学工业出版社2011年版，第4页。

第三节　发展中国家的应对举措

一、印度

作为世界第四大温室气体发展中国家，印度的碳排放量正在逐年增长，由于国家、地区间经济水平和环境监管制度的差异，产业转移导致的碳泄漏也流向印度。就防范碳泄漏的措施来看，直接的对策少见，主要体现为在应对气候变化问题上的一些积极举措。

印度在国际气候合作中的立场是：坚持在“共同但有区别的责任”原则下承担国家义务，但坚决不接受欧盟、美国和日本等国提出的20% -30%约束性减排任务要求，认为约束性减排目标将阻碍国家的经济发展、不利于消除贫困。印度环境部长在2009年9月明确表示，印度准备给自己设定一个非约束性的减排目标，即到2020年将碳排放强度在2005年基础上降低20% -50%。尽管印度在大多数时候与中国一起代表了主要发展中国家的立场，但是在中国作出减排40% -45%的减排承诺时，印度仍强调其温室气体排放量上与中国存在巨大差距，还不及中国的一半，因此印度不会制定温室气体减排目标，仅仅表示了降低排放强度的意愿。但尽管如此，印度仍然积极建立了一揽子政策和法律制度体系，以大力减少温室气体排放，减缓气候变化的影响。

（一）印度的节能减排政策

印度积极发展节能低碳技术，特别是对可再生能源技术的研究成绩斐然。印度政府致力于替代能源的开发利用，在中央政府的非常规能源部组织下，印度风能、水力发电、生物质能以及光伏技术等都获得了快速发展。其中风力发电的装机容量达到8696兆瓦，位居世界第四，太阳能发电装机容量印度能源效率部和科技部负责协调开展实用、高效的低碳技术研发项目。

在法律制度支撑方面，2003 年的《印度电力法》（Electricity Act）引入竞争机制，授权国家电力监管委员会，允许其连接并出售电力给相关个人，电力生产厂家可以将生产的电力并网，或者选择建立自己的独立电网，鼓励发展可再生能源。2006 年，《国家关税政策》（National Tariff Policy）出台，要求国家电力监管委员会必须直接购买相当比例的可再生能源电厂的电力。

（二）气候变化国际行动计划

印度政府专门应对气候变化的法尚未出台，相关的法律政策散见于相关领域的法案或法规中，如《印度环境法》《印度能源法》和《气候变化国家行动计划》，等等。其中，《气候变化国家行动计划》被认为是气候变化政策体系中最具纲领性意义的政策指导文件。该计划确定了 8 项国家计划：太阳能利用、提高能效计划、可持续的人居环境计划、水资源保持计划、喜马拉雅生态保护计划、绿色印度计划、农业可持续发展计划、建立气候变化战略知识平台计划。

1. 太阳能计划：未来降低对高价石油的依赖，减少化石能源的排放，太阳能无疑是印度政府的最优选择。太阳能不单是作为可再生能源利用的一个子项，更有着促进并整合其他可再生能源技术的综合利用的积极意义，如生物质能和风能。印度打算通过热能发电和光伏发电两种方式利用太阳能，并在第十一个和第十二个五年计划期间逐渐形成规模，在城市、工业和商业设施的覆盖率达到 60% -80%。最终目的是使太阳可以与其他传统能源选择分庭抗礼。

2. 提高能效计划：印度最大的能源消耗为工业，占总消耗量的 42%，同时化石能源的燃烧和排放还是温室气体排放的第二大来源，占总排放的 31%。2001 年的《能源节约法案》（Energy Conservation Act）的出台表明印度在加强节约能源的制度建设方面又迈进一大步，该法规定在九种高耗能产业领域推进强制性认证，敦促上述行业遵照相关能耗标准进行生产和排放。政府运用政策杠杆激励部分企业主动实施节能改造，如给予化肥等行业调整补贴等。此外，还通过调整能源结构、改用液化天然气和提升技术的办法提高能效。预计到2031年，工业生产的二氧化碳排放量将在这些措施作用下减少6.05亿吨。

3. 建立可持续的人居环境：除工业外，印度第三大温室气体排放来源主要是交通运输、商业以及住宅等。因此，国家在住宅和商业机构大规模推广节能、处理固体废物和鼓励城市公共交通，通过一系列措施来确保人居环境的可持续性，降低碳排放。一方面，政府注重节能宣传；另一方面，还要积极开发包括节能建筑、材料、设备、照明在内的各种产品。如果按照印度节能建筑法规的要求，建筑节能效率将可能增加50%。对于城市固体废物，印度市政府将进一步提高其回收率，使其可以实现减少碳排放。鼓励城市公共交通也是降低碳排放的最好途径，现代城市人口增长和经济发展导致出行量提高，公共交通是典型的低碳出行方式。此外，印度政府还计划扩大使用生物柴油，压缩天然气的使用，强制报废废旧机动车，实施更严格的车辆排放标准和其他综合措施。①

总的来说，印度与中国同属发展中大国，都面临“碳泄漏”的指责，印度的气候变化政策以“适应”为重点，各项政策与制度的设计无不体现了积极适应这一目标，基于这样一个发展目标，印度未来应有更强的能力，减少引起碳泄漏的区域政策差异，从而减少碳泄漏的影响。

（三）印度应对气候变化经验对我国的启示

一是积极依靠科技进步应对气候变化。中国应进一步加大在新

---

① 杨翠柏、黄云松：《浅析印度应对气候变化的政策》，载《南亚研究》2010年第1期。

能源的技术开发和利用领域的制度支持，打破能源行业国有垄断局面，深化能源制度改革，建立信息市场机制。

二是大力发展节能产业，建立市场机制发挥基础调控作用，加上政策指导和规范，进一步参与到气候变化国际合作之中，积极开展清洁发展机制项目合作，进一步探索碳市场的建立健全。

二、韩国

韩国同样也属于经济发展严重依赖制造业的国家之一，也同属能源消耗主导型国家，也属于世界温室气体排放大国之一。韩国十分重视气候变化问题，但在应对气候变化问题上的思路不同于印度，后者的立法相对分散，而韩国的气候变化应对立法模式是进行专项立法。

（一）韩国应对气候变化法律体系

2010 年 1 月，韩国政府向联合国提交了减排目标——到 2020 年，韩国温室气体排放量比“基准情景”减少 30%。同年 4 月，韩国政府颁布《低碳绿色增长基本法》，并随即成立温室气体清单与研究中心（GIR），负责编制覆盖超过全国总排放量 60% 的国家温室气体排放清单。这部综合性的法案，确立了韩国低碳绿色发展的基本战略、国家应对气候变化基本原则与计划以及能源政策的基本原则与计划等。法案规定了国家、地方自治团体及国民在应对能源危机、资源耗竭和气候变暖问题上的责任。

国家在制定各种政策时，应当综合考虑生态效率性、清洁性、气候变化影响和国家可持续发展。在具体的管理制度上，法案更多地强调政府的职责，确立了政府主导的应对气候变化的政策体系。一方面，政府将在 20 年计划期内，制订和实施每 5 年一期的应对气候变化基本计划。鼓励碳排放权进入市场交易，着手建立国内碳排放交易市场，以积极应对快速膨胀的国际碳排放交易市场；另一方面，为降低对石油、煤炭和天然气等化石燃料的过度依存，政府制订实施能源政策和能源计划，提高能源自立度，强化能源价格合理化、节约能源、提高能源使用效率等能源需求管理。积极开放、生产、利用和普及太阳能、生物质能、风力、地热、潮汐力、燃料电池、水能等新/再生能源，实现能源供给源多边化。同时，也对企业提出了具体明确的要求，企业应在生产活动过程中减少温室气体和污染物的排放，在扩大绿色技术发展和绿色产业投资及雇佣劳动等领域进一步加大力度，定期将绿色经营活动和成果公开透明化。在行业准入和认证方面，也针对企业作出了强制性规定，如汽车（包含进口）制造者应当依照汽车排放温室气体的容许标准（以下简称“温室气体排放容许标准”）制造汽车。汽车制造者的汽车应当接受温室气体容许排放标准的认证等，此外还专门设立了绿色增长委员会，审议与国家绿色增长有关的重要政策、计划。

在机构设置上，韩国组建了气候变化协约对策机构。作为韩国政府关于气候变化问题最高决策机构。国务总理亲任委员会委员长，并将财政部、外交部、行政部、科技部、产业部、农林部、环境部、建设交通部、海洋部等多个部委纳入组织协调体系。

2011 年 3 月，韩国颁布了温室气体与能源目标管理体系（TMS），同年 11 月，国会审议通过了温室气体排放配额分配与交易实施法案。该法案规定了韩国排放交易体系的规则框架及管理结构，并宣布于 2015 年 1 月 1 日启动实施。2015 年 1 月 12 日，韩国碳交易市场在釜山韩国证券期货交易所如期启动，成为全球第二大碳交易市场。韩国计划分三个阶段开展碳排放权的市场交易活动，分别为 2015—2017 年、2018—2020 年以及 2021—2026 年三个履约期。

（二）韩国立法经验对我国的启示

韩国在气候变化方面的积极举措值得关注，特别是以下两个方面，可供中国借鉴：

一是应找准我国气候变化立法的定位，加强对气候变化的专门立法，完善我国应对气候变化法律体系。尽管中国已经拥有一定数量应对气候变化的相关法律，如《可再生能源法》《节约能源法》《清洁生产促进法》《循环经济促进法》《森林法》等。但在保护环境、合理利用资源、节能降耗减排、实现产业结构调整等方面，还需要制定大量政策和法律。其与已有的法律法规有关联、存在交叉，但并不重合，仍需要进行专门的立法，解决我们因立法落后导致的环境困境。

二是明确国家应对气候变化的主管机关，对明确各个部门的职责，划分各个部门在应对气候变化各项工作中的权利和义务。结合我国实际，需要在机构设置、决策协调、政策立法、资金保障、科技研发等方面进行治理机制创新，建立适应气候变化跨部门工作协调机制，明确各地适应气候变化的目标、任务、责任主体和评价考核体系，建立适应气候变化监督管理机制，推进气候变化决策的制度化、规范化、科学化，建立适应政策与行动的监督与后评估机制，加强信息互通与成果共享。在此基础上，才有可能建立统一的协调应对机制和稳定的投入、监督和管理机制。

第四章　碳泄漏的国际防范：WTO 规则下的因应

在 WTO 规则下，相比传统的关税壁垒，以绿色低碳为主题的新的环境壁垒已经成型，发达国家以防范碳泄漏为名，行贸易保护之实。一方面，发达国家希望通过提高对各类产品的“碳密度”标准，进一步影响国际分工和贸易，其中有代表性的贸易措施有“碳关税”“碳标识”等；另一方面，发展中国家受限于资源和劳动密集型的经济结构而无法摆脱经济发展对“高碳”的依赖，在“低碳经济”背景下，未来的绿色竞争力是发展中国家必然面临的挑战。未来将会有越来越多的碳评价技术标准被采用，国际贸易的规则、协议亦将因此而有所改变，全球即将进入“碳壁垒时代”。

第一节　碳壁垒的产生、发展及法律评价

一、碳壁垒的概念及特征

碳壁垒属于环境壁垒（environmental trade barrier）① 的一种，是指针对产品在生产、运输、消费和处置环节产生的碳而设计和实施

---

① 环境壁垒即绿色壁垒，是指一种以保护生态环境、自然资源和人类健康为借口的贸易保护主义新措施。冯宗宪、何大纲主编：《开放经济下的国际贸易壁垒：变动效应·影响分析·政策研究》，经济科学出版社 2001 年版，第 78 页。

的碳税、边境碳税调整、碳标识和碳标准等影响产品贸易的规章和标准。① 根据这一定义，碳壁垒主要通过征收碳税和碳关税、推行碳标识、施行碳标准等形式表现。

国家在制定减排温室气体的政策和法律时可以采用贸易措施，这一点在国际社会已是共识，《公约》和《京都议定书》都对此有明确的规定。其中《公约》第 3 条第 5 款规定："为应对气候变化而采取的措施，包括单方面措施，不应当成为国际贸易上的任意或无理的歧视手段或者隐蔽的限制。" 在 WTO 的很多协议中，对环境壁垒在某种程度上是认可的。如 GATT（即《关税和贸易总协定》）、《补贴与反补贴措施协定》（Agreement on Subsidies and Countervailing Measures，SCM Agreement）、《服务贸易总协定》（General Agreement on Trade in Services，GATS）等都为保护环境开辟了例外空间。当然，具体到任何一项为减排而采取的贸易措施上，其内容和实施方式都未必当然地具有合法性，应符合 WTO 的相关规则。

碳壁垒具备一般环境壁垒的共性，主要表现为：二者本质上都是以贸易限制和贸易保护为目的；都指向国际贸易的竞争力；都依据严格的环境标准。因此，本文认为，将碳壁垒纳入环境壁垒的范畴具有合理性。

但是，碳壁垒还具有不同于一般环境壁垒的特殊性。

1. 名义上的合理性

碳壁垒是以保护大气资源，承担减排义务为名，看似承担了国际气候协议的减排责任。实际上是拆解"区别"责任，不符合应对气候变化的国际法规则。当前国际气候减排责任的分配建立在共同但有区别责任基础上，即发展中国家不承担强制减排的任务。碳壁垒通过发挥发达国家在国际贸易活动中的优势地位，迫使发展中国

① 边永民、蒋硕：《一种新型的贸易壁垒措施——碳壁垒》，载《中国对外贸易》2009 年第 10 期。

家变相分担发达国家的减排责任。

2. 事实上的违法性

在 WTO 规则下，如果采取碳壁垒措施，需要证明措施的内容和实施方式不是伪装的贸易保护措施，在实践中，对相同产品执行差别待遇，有悖于 WTO 的非歧视原则，在事实上存在违法性。碳关税的出台既无国际法依据，又无 WTO 司法实践，《公约》《京都议定书》和 WTO 规则都没有关于碳关税的明确规则。①

3. 适用对象的特定性

理论上，碳壁垒的适用对象具有普遍性，针对的是产品及生产过程中的碳排放量。无论是发达国家还是发展中国家，只要是基于环境保护、低碳减排的需要，都能采取碳壁垒措施。但事实上，采取这类措施的国家本身必须具有较高水平的低碳技术，在国内能够施行较高的低碳标准，大多数发展中国家不具备相应的技术经济实力，因此采取碳壁垒几乎是发达国家的特权，适用对象具有特定性，即专门针对发展中国家的出口贸易产品。

4. 较强的技术性

碳壁垒措施对产品的生产、使用、消费和处理过程的鉴定都包含较多的技术性成分。碳壁垒的提出，是科学技术的进步是物质基础，随着相关检测技术和仪器制造水平的提高，检测结果也更加精准，技术密集型的产品在检测中难度较大，易于形成碳壁垒。如欧盟 2007 年 6 月 1 日起实施的《关于化学品注册、评估、许可和限制制度》（Registration，Evaluation，Authorization and Restriction of Chemicals，REACH），涉及纺织、机电、玩具、家具等所有的生产化工下游产品，用于在欧盟范围内创建一个统一的化学品管理体系。如果认为某种物质或其配置品、制品的制造、投放市场或使用导致对人

① 沈木珠：《低碳壁垒的法律分析与应对思考》，载《法学杂志》2011 年第 7 期。

类健康和环境的风险不能被充分控制，其在欧盟境内的生产或进口将被限制。①

此外，碳壁垒一旦实施，往往给企业造成较大的经济负担，直接导致企业出口欧产品成本大大增加，以 REACH 为例，仅检测费用一项，每种化学物质的基本检测费用就高达 85000 欧元。②

二、碳壁垒的实践基础

1. 施行碳壁垒的法律基础

《联合国人类环境宣言》规定，按照《联合国宪章》和国际法原则，各国有按自己的环境政策开发自己资源的主权，并且有责任保证，在他们管辖或控制之内的活动不致损害其他国家的或在国家管辖以外地区的环境。该条款通过引入人类集体环境权的概念，试图将限制国家主权正当化，也被认为是碳壁垒的国际法律渊源。在设置碳壁垒时，GATT 第 20 条的环境例外是影响最为深远的法律规则，常作为合法性依据被援引。此外，早在 20 世纪 70 年代，一系列重要的国际环境协议开始与采取碳壁垒措施相联系，如《保护臭氧层维也纳公约》《关于消耗臭氧层物质的蒙特利尔议定书》《控制危险废物越境转移及其处置巴塞尔公约》《生物多样性公约》《气候变化框架公约》及《京都议定书》等若干与贸易有关的环境公约和议定书。WTO 成立后，像《技术性贸易壁垒协定》《卫生与动植物检疫措施协定》《农产品贸易协定》《补贴与反补贴措施协定》和《服务贸易总协定》中有关环境的条款和规则也较多。这些法规多数是国际性的，需要通过多边协定去实施。

2009 年，美国众议院通过的《美国清洁能源安全法案》，是一个明确表示拟采取碳关税的国内法案，规定：从 2020 年起，美国政

① 欧盟 REACH《关于化学品注册、评估、许可和限制制度》简介。

② 欧盟 REACH《关于化学品注册、评估、许可和限制制度》简介。

府有权对因未采取减排措施或未参与强制减排而获得“竞争优势”的国家的产品采取边境调节措施（即征收“碳关税”）。美国总统将有权要求来自尚未实施二氧化碳减排限额国家的进口产品提交与产品制造相关的、专门的碳排放配额，以反映产品的碳排放。没有配额的外国产品向美国出口时必须经由碳交易购买国际储备配额。没有配额的外国产品向美国出口时必须经由碳交易购买国际储备配额（international reserveal alowance）①”

2. 环境标志

环境标志（Environmental Labelling），也称绿色标志，或生态标志，是由政府管理部门，或由公共或民间团体根据一定环境标准，向有关申请者颁发其产品或服务符合要求的一种特定标志。标志获得者可把标志印在产品和包装上。它向消费者表明该产品或服务从研制、开发、生产、适用、回收利用、处置的整个过程符合环境保护要求。②

2001 年 11 月，WTO 第四届部长级会议上通过了《多哈宣言》，环境与贸易问题成为讨论的议题，尽管并未明确提出环境标志的使用，但是部长会议要求 WTO 贸易与环境委员会（Committee on Trade and Environment，以下简称 CTE）应在原有工作基础上，对以环境保护为目的的标志要求问题（“Labelling requirements for environmental puposes”）予以进一步关注，并就此问题向部长级会议报告。③

2002 年，CTE 召开会议讨论环境标志问题。欧盟、加拿大、瑞士等国都提交了提案，国际标准化组织（International Organization for Standardization，ISO）以观察员身份提交了关于环境管理体系标准化

① 苑路佳：《WTO 框架下“碳关税”条款刍议》，载《法学杂志》2010 年第 8 期。

② 夏友富：《论环境标志制度与国际贸易发展》，载《世界经济》1995 年第 10 期。

③ WTO. Ministerial Declaration（Z）. WT/MIN（01）/DEC/1，November 2001，para. 32（iii）.

进展的报告。与会的大多数成员国都认可环境标志相比其他贸易措施而言，是限制更小的环境措施。但是环境标志的施行应符合 WTO 的非歧视原则，避免出现被滥用的情况，不能形成国际贸易壁垒。欧盟、日本、中国强调应当保证环境标志的透明度问题。①

按照该组织的分类，环境标志可以分为三类：第一类就是由独立的机构（第三方）设计标准，通过严格的认证或审计过程进行检验，并与同类产品进行比较，给整个生命周期对环境更有利的产品授予的标志；第二类则是无须第三方认证，由制造商、进口商、批发商、零售商或任何从中获益的人对产品的环境性能做出的声明性的标记；第三类则是列出产品生命周期中环境影响的清单，它类似于详细说明脂肪、糖或维他命成分的食品营养标志。信息类别可由工业部门或独立的机构设定。这种标识与第一类不同，它不对产品进行判断，而将判断的任务留给消费者。②

环境标志属于与贸易有关的环境措施（Trade - related Environment Measures），《技术性贸易壁垒协定》（TBT）中也有涉及环境标志的相关规定。从 TBT 关于技术法规和技术标准的定义看，环境标志显然属于定义中所说的“用于某种产品、工艺或生产方法的……包括或仅仅涉及术语、符号、包装、标志或标识要求”。因此，环境标志虽然没有在 WTO 规则中得到明确的承认，但是受 TBT 协定的规范。环境标志最突出的特征是基于环境保护的合理目标而存在，看似与传统的贸易措施有差异，但是可能会对贸易的各个环节产生不同程度的影响。在国际贸易实践中，强制施行本国的环境标志认证

---

① 刘光溪编：《坎昆会议与首轮谈判》，上海人民出版社 2004 年版，第 440 - 443 页。

② 李寿平：《WTO 框架下的环境标志问题与我国环境标志制度的完善》，载《当代法学》2007 年第 2 期。

要求，已经被许多学者明确定性为一种典型的绿色贸易壁垒[①]或限制贸易手段。[②]

3. 环境标准

1992年，《里约宣言》发表，各国、各地区及各组织根据宣言和《21世纪议程》的原则和具体要求，纷纷制定和加强环境管理的法规和标准，推出了包括环境标准、环境标志等在内的一系列技术措施。由于各国、各地区及各组织制定的法律、法规和标准不统一，各自实施一套标志和审核办法，可能产生不当的贸易保护或壁垒，国际标准化组织于1993年成立了环境管理标准化技术委员会，并在1996年颁布了新的ISO14000环境管理体系标准。

在低碳壁垒问题上，引发关注和争议最多的当属PPM（Process and Production Methods）。[③] PPM标准是对产品的加工和生产过程所设定的特定环境标准，是在产品投放市场前，对该项产品加工过程中环境保护状况的技术性规范要求。[④] 经济合作与发展组织根据PPMs在产品生产和加工过程是否改变最终特性，将其分为两类，一是产品生产和加工方法将改变最终产品特性的PR-PPMs（Product Related Process and Production Methods）标准；二是与产品特性无关的生产加工方法标准，即NPR-PPMs标准。

其中，PR-PPMs因为产品在消费或使用过程中会导致对环境的负面影响，在国际贸易中，其实施被WTO认为可以通过援引例外规

① 范旭斌：《论我国绿色贸易壁垒法律制度的建立与完善》，载《扬州大学学报（人文社会科学版）》2010年第5期。

② 董灵、谢佑平：《论环境保护与关贸总协定》，载《法学评论》1995年第5期。

③ PPM标准特指产品的生产过程和生产方法应符合一定的环境保护要求，如在生产中废气、废水、废渣的排放量应符合一定的标准、采用先进的清洁技术、以可持续的方式管理林地和伐木、以无害于其他生物的方式捕猎动物等。

④ 刘瑛、常丽娟：《论PPM标准在WTO中的法律地位》，载《国际贸易》2014年第2期。

则获得正当性。而 NPR－PPMs 则颇具争议，因其所指的产品本身并不会对环境造成损害，但是生产过程或加工方法存在对环境造成破坏的情形，如果从技术规范的角度，仅关注产品质量标准及与产品质量直接相关的生产工艺和流程，则产品本身并无差别，属于 WTO 规则中的“同类产品”。在 WTO 规则下，区分“同类”产品的标准应当是产品的物理性质，仅仅只是生产流程或加工工艺不同的产品不应被归为不同产品而给予不同的待遇。因此，如果一国以本国的 NPR－PPMs 标准为由，对来自其他国家的产品采取贸易限制措施，则不符合 WTO 的非歧视原则，属于贸易壁垒。

4. 绿色反补贴

绿色反补贴的理论基础是通过环境和资源成本的内部化，实现环境保护的目的。发达国家认为，如果一国政府不对企业的能源消耗和环境污染作出限制，在此种情形下生产的产品用于出口时，该国政府的行为可被视为一种政府给予出口企业的环境补贴，即绿色补贴。尽管限制相关国家的产品进入本国，会构成对 WTO 相关协议的违反，但是发达国家试图以环境保护为由，据此采取所谓的绿色反补贴措施，以征收反补贴税或施行反倾销措施等方法对进口产品加以限制。

三、碳壁垒的未来趋势及评价

在可预见的将来，发展低碳经济、绿色贸易会成为世界经济发展的方向。以低碳经济为代表的新技术革命使得碳壁垒措施的实施（如各类检测技术、环境标准技术等）有了技术上的保障，未来低碳节能减排将是世界经济和贸易格局的发展趋势，具体有以下几个方面的表现：

第一，各国在国际分工中的竞争优势发生变化。碳要素将会和劳动力、资本、市场和自然资源等要素并列为同等重要的一个新的生产要素。低碳技术将成为绿色竞争力，绿色产品的竞争优势日趋显现，在国际贸易产品结构中所占比重逐渐增加，在国际市场上的竞争力不断增强。掌握先进节能减排技术的发达国家，在清洁能源和环保产业中拥有比较优势。

第二，碳排放权交易在国际贸易活动中所占比重逐渐增加。碳市场机制进一步建立健全，碳排放权交易从一级市场到二级市场，进一步活跃。各种碳排放配额为主的交易已经催生了一个 1180 亿美元的全球碳排放交易市场。未来碳排放权可能和劳动力、资本、技术、资源等要素一样成为可以跨国流动的要素。

第三，国际贸易规则呈现挑战与机遇并存的局面。欧美等发达国家采取碳关税等贸易保护措施的倾向日益明显，对 WTO 自由贸易规则形成冲击和挑战。把贸易与气候问题挂钩将成为发达国家争取本国贸易利益的新手段。未来国际贸易规则领域如何适用环境保护例外规则，与贸易有关的环境措施和与环境有关的贸易措施如何运用实施，都是值得探讨的问题，国际贸易规则在处理冲突和矛盾的过程中也将获得进一步发展的机遇。

第二节 碳关税与 WTO 的适应关系及中国应对

在自由贸易下，由于市场不断扩大，较低生产力水平与丰富的资源结合加剧了一些落后国家的资源破坏和生态环境恶化，而国际气候合作又要求发达国家承担共同但有区别的责任，发达国家从本国利益角度出发，认为自由贸易带来了碳泄漏，导致本国的相关行业竞争力受损，而碳关税能够使那些进口产品的生产者所负担的减排义务和东道国的生产者相同，至少是可比的，以调整因碳减排力度不同所造成的竞争力差异。

一、碳关税的功能和法律属性

（一）碳关税的功能

碳关税的功能主要体现在两个方面：

一是减轻或有效抵消碳减排导致的国内相关行业的国际竞争力受损。在国际贸易中，成本较低的产品输入有减排要求的国家，相比本国因减排而成本较高的产品更有竞争力，会占领更多的市场份额。这样一来，低碳产品受到冲击——从产量到销量都萎缩，而高碳产品相对扩张。碳关税能够使进口产品承受与本国产品同等的碳排放成本，以防止后者由于承担了额外的碳减排成本而可能丧失的竞争优势。发展中国家的高碳产品之所以具有竞争力，更多的是由其廉价劳动力、自然资源和市场因素决定的，而一旦被发达国家征收碳关税，其产品出口的成本就会升高，产品的市场竞争力就直接受到限制。

二是有效遏制发展中国家的迅速发展。发达国家认为，在实施强制减排与配额交易制度或碳税制度的国家或地区，企业因购买排放额度或支付碳税而增加的成本不能被市场消化，就可能选择将生产转移到没有对企业征收类似碳排放费用的国家或地区。而国内对消耗碳排放产品的需求与生产地的变化并没有必然的联系，通过国际贸易，产品以进口的方式回到原来的国家。这样一来，缺乏减排政策的国家就会搭便车从中“获益”，得到迅速的发展，这是发达国家所不愿意看到的。因此发达国家希望利用单边贸易措施保障实施严格标准及措施的国家利益，“惩罚”那些自己不付出努力而享受其他国家减排成果的国家。① 诺贝尔奖得主斯蒂格利茨也认为，不对

① GaryClydeHufbauer，SteveCharnovitz&JisunKim. GlobalWarmingandtheWorld TradeSystem，Washington，DC：PetersonInstituteforInternationalEconomics，2009，p. 12，66.

气候变化做出应对行动本身就构成了一种国际贸易规则下的非法补贴，那些自己没有加入气候变化行动，却让他国来承担减排责任的国家应该被强制承担减排成本直到它们停止免费享受他人努力的成果为止。① 迫使那些不承担减排责任的国家承担减排成本，能够有效遏制发展中国家的快速发展，从而维护发达国家的优势地位。

（二）碳关税的法律属性

1. 碳关税不同于关税

碳关税虽然冠以"关税"二字，但与关税还是有本质的区别。关税是国家税收的一种，是海关代表国家按照国家制定、公布、实施的税法，对进出境的货物、物品征收的一种流转税。② 有观点认为，碳关税是对高耗能的产品进口征收特别的二氧化碳排放关税，是一种特殊的、额外征收的关税，接近于征收进口税中的进口附加税性质。因此在这个意义上，碳关税是一种关税。③ 但实际上碳关税的征收依据是要求进口产品在进入关境时缴纳与国内碳税相等的税费，或者是进口商根据进口产品在生产过程中排放的二氧化碳在进入关境时购买的"排放配额"或"国际储备配额"，前者属于一种在边境缴纳的国内税，后者则是购买"配额"的费用，这与传统意义上的关税是有本质区别的。尽管碳关税名为"关税"，却并非关税的下游概念，关税并不能涵盖碳关税的全部外延。

2. 碳关税不同于边境调节税

边境调节税（border tax adjustments）是与碳关税非常接近的概

---

① Joseph E. Stiglitz. A New Agenda for Global Warming, The Economists' Voice: Top Economists Take On Today's Problems, Columbia University Press, 2011, p. 22 –27.

② 逯宇铎、杜红梅、孙秀英主编：《国际贸易理论与实务》，对外经济贸易大学出版社 2016 年版，第 49 页。

③ Aaron Cosbey. Border Carbon Adjustment. Trade and Climate Change Seminar, Copenhagen, Denmark, 2008.

念，很多文献直接将碳关税等同于边境调节税使用，类似的使用还包括边境调节措施、边境税调整等。1970 年 GATT《边境税调节工作组报告》采用了经济合作与发展组织（OECD）对边境调节税的定义，将边境调节税定义为全部或部分根据目的地原则实行的任何财政措施，即出口国将出口产品相对于在其本国市场上销售给消费者的国内同类产品，免除其承担的部分或全部税收，或进口国家参照其国内同类产品，对进口产品征收部分或全部税收。① 根据这一定义，边境调节税包括进口环节边境调节税和出口环节边境调节税。边境调节税是一种相当于国内税的费用，由于碳关税的征收方式包括国内税与购买配额，购买排放配额不能视为缴纳国内税，自然也就不属于边境调节税。因此边境调节税同样不能涵盖碳关税的全部内涵。

3. 碳关税属于特殊的边境调节措施

碳关税表现为要求进口商对进口自未采取碳减排措施的国家的产品缴税或购买排放配额的形式，其目的在于给进口自未采取碳减排措施的国家的产品增加一层成本，从而防止碳泄漏，同时使其国内的同类产品在与这些进口产品竞争时不会处于劣势地位。碳关税针对的是产品的生产过程，而不是产品本身，衡量一个产品是否需要缴纳碳关税的标准，是看产品背后消耗的碳排放量，这样，就把在使用价值维度上相同的产品作出了区分。不难看出，碳关税是一种偏重于事后防范的经济调节手段，当进口国的碳减排制度为碳税时，碳关税表现为税收的形式，当进口国的碳减排制度为限额与交易制度时，碳关税表现为配额的形式。尽管使用了碳关税的概念，但从其法律属性而言，是一种与碳排放有关的边境调节措施。

---

① GATT. (1970). Report of the Working Party on Border Tax Adjustments, adopted on 2 December. (L/3464). Geneva; General Agreement on Tariffs and Trade.

（三）碳关税是环境措施还是贸易措施

将大气资源纳入可用竭的自然资源，是基于大气容量的有限性，以及大气资源自净能力的有限性，具有合理性。如果人类不加节制地排放，将会使得大气环境遭到破坏，进而带来一系列生态破坏的严重后果。碳关税作为一种防范碳泄漏的措施是必要的，有利于对生态环境的保护，但是碳关税却并非是一种单纯的环境措施，因为国家间采取的环境措施最终都会与贸易紧密相关。贸易与环境的关系密不可分，环境是贸易的基础与载体，贸易反过来影响环境。一个很好的例证就是 WTO 规则中有“环境例外”条款，而多边气候协议中有贸易限制条款。

共同但有区别的责任原则是国际气候合作的法律基石。《公约》（即《联合国气候变化框架公约》）肯定了发达国家应当承担更多的责任，应率先应对气候变化及其不利影响，也考虑了对发展中国家的相对公平。共同但有区别责任原则认可发展中国家因发展需要而产生的排放，并且基于历史因素和人均排放的考虑，发达国家的减排义务和标准并不适用于发展中国家。但是承担具体减排义务的发达国家基于自身利益出发，更倾向于采取单边贸易措施来迫使其贸易伙伴方采取相应的应对气候变化措施。因为在经济全球化背景下，产品在生产和消费过程中所产生的环境外部性影响可能通过进出口贸易从一国转移至另一国，由此产生的环境外部性国际化问题如果都需要通过多边行动来解决，会耗费大量的成本且收效甚微，还会损害本国利益。而采取单边的贸易措施，在保证碳减排政策效果的同时，还对生产国产品采取边境调节措施，就可以使出口国和进口国承担同样的排放成本，也就是说，使未采取减排措施的国家也付出相当于采取减排措施的代价。碳关税这种边境调节措施，名义上看是保护环境，但实际上是发达国家为规避减排义务，是为了均衡各国的减排成本，对特定国家进口产品采取的单边贸易限制手段。[①] 实际上，碳关税这样的单边环境贸易措施对于全球二氧化碳排放量减少的有效性尚值得商榷，更多的是具有政治经济上的意义。[②] 类似于碳关税这样的单边措施，并不能解决碳泄漏和竞争力的双重目标，[③] 主要目的是发达国家制造业与出口产品的竞争力问题，而非二氧化碳的实际减排问题。因此，碳关税本质上是一种单边贸易措施，而非环境措施，是发达国家借环境保护之名行贸易保护之实的一种新型贸易壁垒。

二、WTO 规则对碳关税的适用性问题

碳关税既然本质上是一种单边贸易措施，那么是否能够受到 WTO 规则的调整，在 WTO 规则下是否具有合法性，一旦进口国对出口国开征碳关税，出口国能否通过 WTO 规则进行救济或反制，是需要重点探讨的问题。

（一）WTO 规则下碳关税的合法性问题

WTO 的宗旨在于“建立一个完整的、更有活力的和持久的多边贸易体系，以包括 GATT、以往贸易自由化努力的成果和乌拉圭回合多边贸易谈判的所有成果”。[④] 尽管各国经济发展水平十分不平衡，国与国之间的资源禀赋、技术水平、地理气候等条件都差距很大，但是一个较少贸易壁垒的一体化多边贸易体制却是各国共同期望和

---

① 参见李晓玲、陈雨松：《“碳关税”与 WTO 规则相符性研究》，载《国际经济合作》2010 年第 3 期。

② 参见夏先良：《碳关税、低碳经济和中美贸易再平衡》，载《国际贸易》2009 年第 11 期。

③ 参见东艳：《全球气候变化博弈中的碳边界调节措施研究》，载《世界经济与政治》2010 年第 7 期。

④ John O. M. & Mark L. M., The world trade constitution, *Harvard Law Review*, Vol. 114, No. 2, 2000.

追求的，符合包括发展中国家在内的世界各国的利益，不仅能使各国扩大商品和服务的生产与贸易，增加就业并促进经济发展，而且也能更加合理地利用世界资源、保护环境，实现可持续发展。这也是 WTO 倡导的自由贸易主要意义所在。

在 WTO 自由贸易规则体系下，为了增强多边贸易体制的适应性，WTO 允许各成员方采用建立在非歧视基础上的单边贸易措施。碳关税作为一种单边贸易措施，是否符合 WTO 的自由贸易要求，主要考察其是否与 GATT 实体义务条款发生冲突，包括：关税减让（GATT 第 2 条第 1 款）、取消数量限制（GATT 第 11 条第 1 款）、边境税调节规则（GATT 第 2 条第 2 款），发展中国家的特殊与差别待遇（GATT 第四部分）等。特别重要的是非歧视原则，包括国民待遇原则（GATT 第 3 条）和最惠国待遇原则（GATT 第 1 条）等。如果碳关税的实施与上述条款并无冲突，其合法性就无须被质疑，反之，实施碳关税的成员方就需要考虑援引 GATT 第 20 条环境例外来主张碳关税措施的合法性。

例外条款的设计理念，在于为自由贸易规则设置壁垒开辟一条正当化路径。在类似碳关税这类单边措施的争议中，通常专家组先论证争议措施是否违反前述 GATT 各项原则，特别是其中第 4 款关于“相同产品（like products）”的定义，然后再进行第 20 条适用的审查。在分析次序上，遵循内容到前言依次审查，即先分析有关措施是否符合第 20 条各单项例外的要求，如果符合就获得临时正当性，然后根据前言部分进行审查，如果完全符合，才可获得最终正当性，在此基础上，结合 WTO 的一贯宗旨并援引 WTO 争端解决机构的相关案例，论证各项例外是否适用须满足相应的限定性条件。

（二）碳关税与 WTO 的非歧视原则

GATT 第 1 条第 1 款规定了最惠国待遇原则，这意味着不但一个国家不能在国内税和其他费用方面给予国内生产者和进口商以区别待遇，也不能在不同国家进口商之间实施歧视的政策。第 3 条第 2 款规定了成员国给予其他成员国国民待遇的义务：对任何进口自成员国的产品直接或间接征收国内税或其他国内费用时，不得超过对国产同类产品的征收水平。碳关税作为一种与碳排放有关的边境调节措施，表现为要求进口商对进口自未采取碳减排措施的国家的产品缴税或购买排放配额。因此，不论是国内税还是其他国内费用，如配额等，GATT 的第 1 条、第 3 条都适用于碳关税。从上述规定不难看出，由于 WTO 规则认定只要属于“相同产品”，成员国就必须遵循最惠国待遇和国民待遇的原则，不得对该产品征收高于国内和第三国“同类产品”的国内税，产品生产过程的差异不能作为差别待遇的依据。因此，在审查碳关税是否符合第 1 条第 1 款与第 3 条第 2 款的要求时，首先就需要明确碳关税的征收是针对产品本身，还是针对因生产产品过程中产生的二氧化碳排放。

如果针对产品本身，则需要对“相同产品”的概念作出解释，因为第 3 条第 2 款的规定是进口产品不得承担“超过”对同类产品征收的税费。1970 年《边境税调节工作组报告》为明确何为“同类产品”，提出了若干参考标准，认为在判断产品是否为“相同产品”时需要考虑三个主要因素：（1）产品在特定市场的最终用途；（2）消费者的喜好和习惯（有国家差异）；（3）产品的性质、特点和质量。这一参考标准在 WTO 争端解决实践中影响广泛。在“Japan – Alcoholic Beverages 案”中，上诉机构在《边境税调节工作组报告》基础上列出了判断相同产品是否成立的四个考虑因素，包括：（1）产品的终极用途；（2）消费者的品味和习惯；（3）产品的特点、性能和质量；（4）相似的海关分类。① 根据这一判断，进口“高碳钢”和国内产“低碳钢”除生产程序和工艺之外并无不同，是相同产品。

---

① Appellate Body Report, Japan – Taxes on Alcoholic Beverages, WT/DS8/AB/R, WT/DS10/AB/R, WT/DS11/AB/R, 4October 1996, p. 23.

如果针对生产过程，WTO 的非歧视条款增加了缔约国采取单边环境措施的难度。著名的墨西哥诉美国金枪鱼—海豚案就是一个典型案例，专家组审理认为：金枪鱼与美国国内生产的金枪鱼及其他国家进口的金枪鱼都是“相同产品”。产品的加工方法或生产过程不能作为区分产品的手段；如果因为生产程序或生产工艺的不同，对国内产品和进口产品实行差别待遇，则不符合 GATT 规则。[①] 由此案可以引申这样的判断：相同产品仅从产品的性质、使用价值的角度来判断，而不问生产过程和生产方式。从 A 国进口的白脚虾和从 B 国进口的白脚虾都是相同产品，而不管 A 国在捕杀过程中是否破坏了环境。如果一国给予上述相同的白脚虾产品不同的待遇，它就会因违背非歧视条款而受指责。尽管也有学者对此质疑，“既然许多环境资源都是全球共享的，当贸易伙伴没有考虑资源保护措施时，国家采取贸易限制措施进行制裁应该是合法的”。[②] 但目前 WTO 上诉机构的裁决结果基本都体现这样一个现实：即对相同产品执行差别待遇，有悖于非歧视原则，环境保护目标与自由贸易之间存在冲突，实践中为了避免贸易保护主义的泛滥，环境保护目标往往不能得到很好的实现。

除了在相同产品的认定上，在碳关税的征收标准上也不应当违反非歧视原则，但从目前已有的规则来看，碳关税的征收明显违反了这一原则。以美国 2007 年年底通过的《利伯曼 - 华纳气候变化法案》为例，按照该法案规定，对本国“低碳钢”征收碳税的标准以实际排放的二氧化碳来确定，而对进口“高碳钢”征收的碳关税由于目前碳追踪技术的局限，只能根据该产品出口国同一种类货物的

① GATT. Dispute Settlement Panel Report on United States Restrictions on Imports of Tuna, GATT B. I. S. D. (39th Supp.), 1991.

② George W. M. Global Free Trade Vis - À - Vis Environmental Regulation And Sustainable Development: Reinvigorating Efforts Towards A More Integrated Approach, *Journal of Environmental Law and Litigation*, 1999 (14), 436.

所有生产商平均的二氧化碳排放来确定，这就导致进口和国产的同类产品在税率征收上存在差别。进口商所需要承担的碳关税并非进口产品的实际碳排放量，而只能以出口国同类产品排放量的平均值为标准。该法案还规定，来自以下三类国家的进口产品不需要提交“国际储备排放权”：被认定为采取了与美国相当的行动以控制其本国温室气体的外国、被联合国认定为最不发达的发展中国家以及温室气体年排放量不到全球总量0.5%的国家，除此之外，其他国家出口到美国的商品都需要购买碳排放配额。该法案还赋予国内生产商在提交配额时具有一定的灵活性，国内生产商提交排放配额可以享有一个宽限期而外国生产商并不享有这种灵活性，在进口时就需要提交足够的国际储备配额这些规定。这些规定显然都已经违反了WTO 非歧视原则的要求。

（三）碳关税与环境例外条款

考虑到成员国对自由贸易规则的全盘接受存在困难，需要基于各自国家生态安全和人民健康利益行使贸易管辖权，《GATT1994》规定了包括环境保护在内的一些例外条款。例外条款对于成员国采取贸易限制措施的合法性意义重大，在符合“例外”的情形下，成员国的贸易限制措施被认为在 WTO 框架内是正当的、允许的。可见，例外措施的实质就是允许成员国在公共政策或基本安全需求的前提下，合法免除自由贸易规则的约束，赋予成员一定的采取单方面贸易限制措施的空间。这种空间的存在，是为了成员国能够更好地配合坚持履行诸项对自由贸易规则的承诺，正如著名教授约翰·杰克逊所言，WTO 的自由贸易规则相当于是世界国际贸易关系的“宪法”，它在具体的制度框架内，通过各种“规则”或法律规范，设置了一整套复杂的限制，其复杂性体现为限制的多样性，并且反映了国内与国际规范、体制和政策的交互作用。① 尽管各个国家要统一执行 WTO 诸项基本原则，会有这样或那样的困难，甚至可能因为给主权造成过多的限制而引发法理上的冲突，但是必须承认，正是通过 WTO 规则这样的“宪法”，将各国的主权在一定程度上实现了有效限制，使得相互竞争的政策目标得以解决或协调，通过“分权”，使国际贸易争端能迅速地和平解决。

关于“环境例外”的规定，WTO 文件中已有明确阐述，如“各国有权采取环境例外措施，用以对国际贸易实施必要限制。”②《GATT1994》第 20 条规定：“……（b）为保护人类、动物或植物的生命或健康所必需的措施；……（g）与保护可用竭的自然资源有关的措施，如果此类措施与限制国内生产或消费一同实施。”第 20 条的 b 款和 g 款被认为是 WTO 规则中最重要的环境例外依据，但第 20 条在序言中同时也强调，“本协定……对情况相同的各国，实施的措施不得构成任意或不合理歧视，或构成对国际贸易的变相限制”。就规则本身来说，对例外情形的规定比较抽象，对第 20 条的理解不同导致各国在采取贸易措施时存在法律上的不确定性，表现在：

1. 对（b）款“必需的措施”的理解

“必需”这一标准历来属于争议焦点，GATT 的工作小组曾对该条做过如下解释：要符合第 20 条（b）款中“必需”这一条件，就必须证明除此之外，成员国已穷尽各种可能和办法，非如此不能“保障人民、动植物的生命或健康”。同时，还应保证措施最大的合理性，以及与 GATT 最高的相符程度，即实施有关措施不仅要证明

① 参见［美］约翰·H. 杰克逊：《世界贸易体制——国际经济关系的法律与政策》，张乃根译，复旦大学出版社 2001 年版，第 370－374 页。

② 世界贸易组织：《乌拉圭回合多边贸易谈判结果法律文本（中英文对照）》，对外贸易经济合作部国际经贸关系司译，法律出版社 2000 年版，第 455－456 页。

措施是必需且唯一的选择，还需要满足的前提是“对情况相同的各国，实施的措施不得构成武断的或不合理的差别待遇，或构成对国际贸易的变相限制”。但从实践层面看，对“必需”的上述解释还存有争议。

第一，虽然“合理有效”的措施是符合“必需”要求的前提与基础，但是“合理有效”是一个含糊不确定，甚至带有主观色彩的概念。缺乏必要的定性标准，符合与不符合就很难判断。

第二，“必需”要求无其他符合 GATT 的可替代措施，但是实践中难以操作。因为严格说来，要想达到相应的目的，任何贸易措施都存在不与 GATT 冲突的替代措施。例如，采取环境标志制度，也可以达到保护环境的目的，虽然在效果上与碳关税有所差别，但不能说它不是一种可替代措施。“因此，如果严格适用，几乎没有贸易措施能通过这种必要性审查。”① 这就使得该条款既是各国采取单边环境措施的重要依据，同时又因为规则的模糊性而导致措施实施的不确定性。

如在泰国诉美国卷烟案中，泰国曾将第 20 条（b）款作为抗辩理由，认为本国依据国内法对进口自美国的卷烟实行进口许可证制度，并征收国内税的行为，是数量限制（进口许可证）措施，属于为保障人民的生命或健康所必需的措施。专家小组认为，尽管进口卷烟危害人民健康，泰国的数量限制措施可以被看作为了人民的生命或健康的措施，但其仍然不符合第 20 条的例外规则，理由有二：一是许可证的发放只针对进口卷烟，对国内卷烟没有任何许可或数量上的限制，违反了国民待遇原则；二是并不符合“必需”这一要件，为实现保障人民生命健康这一目的，施行许可证制度并非唯一选择，应该存在更为合理的政策安排，如加强警示标记和进一步显

① 申进忠：《国际贸易隐含碳问题的法律研究》，南开大学出版社 2014 年版，第 143 页。

著标识卷烟成分、禁止卷烟广告、运用专卖或提高价格等，都可以控制卷烟的销售量。

又如，加拿大诉欧盟限制石棉产品进口案中，欧盟指出，法国政府第96－1133号法令禁止生产、加工、进口、销售、运输石棉产品，是为了公众健康目的而制定的，根据GATT第20条（b）款的规定应可以合理地规避GATT第3条第4款的规定。专家组认为，科学证据表明，没有一个最低的接触量或最低的暴露时间标准来确认石棉特别是温石棉的致癌危险不存在。虽然有些国家对石棉产品采取控制使用的方法，但欧盟提供的证据证明，有控制使用既没有有效的结果，又不易实现。因此，专家组认为有控制使用不能成为禁止使用的有效的替代措施。加拿大提出的对接触石棉的工人的国际保护标准，专家组认为其提供的保护程度小于法国采取的措施提供的保护，不能达到法国的保护目标。专家组得出结论：除禁令外，不存在可选择的其他方法，因此认定争议措施符合GATT第20条（b）款的要求。① 上诉机构和专家组的观点一致，即对“必需”的认定应考察所选择的措施能达成的效果，要与希望达成的目标具有相称性，在该案中应从是否能实现有关健康保护目标角度考察是否存在可合理获得的替代措施。对于是否存在“对国际贸易的变相限制”，专家组认为进口禁令没有使法国替代纤维工业从中获得利益，也没有损害第三国生产者的利益，因此认为它不构成对国际贸易的变相限制。没有着重考察“最低限度”是否与WTO的规定不一致或“最低贸易限制”。此案也成为第一个成功援引第20条（b）款的案例。

2. 对（g）款“可用竭的自然资源”与“相关措施”的理解

第一，如果基于保护可用竭的自然资源，则只要属于“有关”

① European Communities - Measures Affecting Asbestos And Asbestos - Containing Products, Report of the Appellate Body. WT/DS135/AB/R, 12 March 2001, Para. 172 - 174.

的措施均被允许，没有“必需”的限制。显然保护可用竭的自然资源能有更大的空间采用单边措施。

对于可用竭的自然资源的概念，通过美国禁止进口海虾案，上诉机构表明了观点：可用竭资源并不仅指矿产等不可再生资源，还包括需要人类加以保护的生物资源。有生命的物种，尽管原则上有再生能力，但只要是供应有限，可能因人类不加限制的消费而枯竭，即应被看作可用竭资源。对这一概念的解释还可以结合《联合国海洋法公约》《生物多样化公约》《21 世纪议程》等国际协定和宣言中对自然资源一词的理解，上述文件在提及自然资源时经常既包括有生命的资源，也包括无生命的资源，因此上诉机构根据当代环境保护的发展，对可用竭资源作出了有利于环境保护的解释，即可用竭资源的内容并不是静止的，而是变化的，必须根据现代国际社会对环境资源的保护来加以认识，从而认定可用竭资源包括有再生能力的生物物种。

基于这样的理解，将大气资源纳入可用竭的自然资源，是基于大气容量的有限性，以及大气资源自净能力的有限性，具有合理性。人类不加节制的排放，将会使得大气环境遭到破坏，并进而带来一系列生态破坏的严重后果。而防范碳泄漏的措施是为了保护大气资源，由此采取的相关措施与环境例外规则在法理上应不存在冲突。

第二，何谓“相关措施”。在美国汽油标准案中，专家组认为，清洁空气属于可用竭的自然资源，减少空气消耗的政策属于第 20 条（g）款意义上保护可用竭自然资源的政策范畴，但美国的“基准设定规则”是针对进口汽油规定了比本国汽油较少的优惠，这与美国改善空气质量的目标之间没有直接联系，不能被认定为保护自然资源的相关措施，因而也不属于第 20 条（g）款所述的例外。然而上诉机构认为专家组的逻辑存在错误，对于专家组不认可的“相关措施”，上诉机构认为，只要采取的措施与可用竭资源之间存在着密切且真实的联系，即手段与目的之间存在“实质关系”，即符合“相关”的要求，这一措施本身确与保护可用竭的大气资源有关。但是，“基准设定规则”中，确定基准的方法构成了对国际贸易的“不合理的歧视”及“变相限制”。因此，虽然它属于第 20 条规定的例外情况之一，但没有达到第 20 条引言的要求，即给予进口汽油较低待遇属于对国际贸易“不合理的歧视”及“变相限制”。

WTO 环境例外条款的设计理念，在于为自由贸易规则设置壁垒开辟一条正当化路径。在发生争议和纠纷时的判断方法，通常专家组先论证争议措施是否违反 GATT 第 3 条第 4 款国民待遇原则，特别是其中第 4 款关于“相同产品”的定义，然后再进行第 20 条适用的审查。在分析次序上，遵循内容到前言依次审查，即先分析有关措施是否符合第 20 条各单项例外的要求，如果符合就获得临时正当性，然后根据前言部分进行审查，如果完全符合，才可获得最终正当性，在此基础上，论证各项例外是否适用须满足相应的限定性条件。

针对碳泄漏问题若要采用单边措施，在例外规则的适用问题上，应与前述案例发生的争议点区别不大，大致需要注意以下问题：一是专家组及上诉机构是否认可有确凿的证据证明碳泄漏问题对环境产生了不利影响；二是若针对碳泄漏采取单边措施是否属于“必需”措施以实现保护人类健康或者可用竭资源的目的；三是此类措施是否满足“除此之外，别无选择”的唯一性要求或者与其他自由贸易规则兼容。实践中规则的模糊性和国家间的经济、环境利益导致环境保护与自由贸易事实上存在冲突，因此如果因开征碳关税而引起贸易纠纷，如何有效适用 WTO 规则是需要特别关注的。

三、碳关税对中国的影响及应对

（一）碳关税对中国的影响

如果美国率先对中国征收碳关税，欧盟等发达国家会紧随其后。欧盟在气候变化问题上一直持比较积极努力的态度，类似碳关税的贸易安排也一直在欧盟政策计划之中，通过一般均衡模型模拟计算表明，碳关税对中国的出口贸易负面影响可能要大于其对环境的积极影响。① 作为欧美的主要贸易对象，中国的出口市场结构短期内难以改变，一旦欧美对中国出口产品大规模征收碳关税，产品出口将在欧美遭遇贸易壁垒，出口商品的利润会大幅下降，特别是碳排放强度较大的行业，受到的冲击更大。

（二）中国的利益立场

气候变化问题是全球问题，需要全世界共同面对，这是由大气环境的公共性和共有性决定的。虽然目前来看，碳关税有可能成为中国对外贸易中的贸易壁垒，但应当一分为二地看待。

一方面，碳关税未来可能长期会成为国际气候合作与国际贸易中颇具争议的议题，欧美发达国家会将碳关税等单边贸易手段作为一种重要的战略工具，以实现减排目标可比性与遏制发展中国家发展的目标。从《巴厘行动路线图》和《哥本哈根协定》的磋商和履行情况来看，发达国家和发展中国家在减排义务上的差别和分歧都将继续存在，发达国家对所谓竞争力或碳泄漏问题的担忧也将持续存在，尽管发展中国家有意愿参与到减排活动中，采取“适宜国情的减缓行动”（NAMAs），但是否能切实落到“可衡量、可核实和可汇报”的原则上来，各方都将持续关注。

另一方面，随着中国产业升级和技术进步的步伐加快，中国的工业现代化进程不断加快，中国也将越来越多地承担大国责任，更多地参与到国际气候合作之中。与此同时，东南亚和非洲一些发展中国家的廉价资源和劳动力也可能会给中国带来竞争压力，特别是劳动密集型、能源密集型行业更为明显，我们正视碳关税问题，

① 参见鲍勤、汤铃、杨列勋：《美国征收碳关税对中国的影响：基于可计算一般均衡模型的分析》，载《管理评论》2010 年第 6 期。

要设想未来中国也极有可能处于与今日欧美发达国家相类似的立场，会希望通过贸易措施来敦促其他国家的减排行动，保护本国产业。

（三）碳关税的中国应对

结合目前中美贸易摩擦的背景，中国可以从国际法和国内法两个方面应对未来可能面临的碳关税问题。

1. 国际法应对

在《巴黎协定》时代，碳关税问题已经演化为发展中国家如何应对发达国家的贸易保护手段，争取自身生存和发展排放的问题。中国应从以下方面积极应对：

一是在国际气候合作舞台上，有明确立场和行动计划，应指出发达国家是全球碳排放的主要责任方，强调气候正义应体现为发达国家承担历史责任和消费者责任。利用碳泄漏做文章，或是强调现阶段碳排放的生产者责任，对于发展中国家是极不公平的。应坚持以《巴黎协定》确定的有关合作机制为基础，在共同但有区别责任原则和各自能力原则的基础上，加强与发展中国家的沟通和交流，一起共同应对发达国家提出的单边贸易措施，同时加强与发达国家之间的磋商，争取发达国家在资金和技术上的支持。①

二是在理论研究上，坚持反对以碳关税的名义违反 WTO 规则，施行单边贸易保护措施的做法。一方面，应继续通过实证研究，证明发达国家以碳泄漏作为征收碳关税的理由是不成立的，反对碳泄漏的效果和范围被过分夸大，否定碳关税对于防止碳泄漏的效果；另一方面，应进一步对国际贸易规则开展深入研究，争取未来能够更多地参与到制定国际贸易的规则中去，同其他发展中国家一道适

---

① 参见贺银花：《论 GATT/WTO 框架下边境税调整的合法性——兼论我国应对边境税调整的策略》，载《经济体制改革》2015 年第 2 期。

时提出有利于各方共赢的新主张，并力争成为国际贸易规则的主动参与者与制定者。

三是一旦美国或欧洲国家采取碳关税措施，中国应做好充分准备，制定相应的争端解决方案，可以考虑先行磋商，争取达成相关国家修改相关做法的共识。如果磋商不能达成协议，则要充分利用好 WTO 的争端解决机制，向 WTO 专家组、上诉机构提起诉讼，乃至执行程序。

2. 国内法应对

在中国建设生态文明，深化经济体制改革的背景下，应坚持环境保护优先原则，致力于转变经济增长方式，具体从以下几个方面应对碳关税问题：

一是要从自身原因出发，正确认识中国的产业结构和贸易结构不合理的现状。应加快经济结构和产业调整、转型、升级步伐，降低对出口经济的依赖，扩大内需，降低对外贸易依存度，从而降低以碳关税为主的气候壁垒和保护主义措施对我国经济的影响。加快节能减排进程，通过行政、经济、技术等多种手段节能减排。积极研究碳税、碳标识等减排政策和制度，强制或引导企业生产绿色化，提高生产技术水平和产品技术含量，降低消耗。

二是要大力发展新型能源产业。坚持“科学兴贸”战略，加快发展新能源和新材料产业。目前，我国对新型能源产业的补贴主要局限于太阳能、风电、新能源汽车三大领域，具体优惠政策主要体现在税收、信贷、价格和研发等方面。今后应考虑加大对新型能源的支持力度，对新能源的补贴扩大到其他领域，优惠政策也可以更加灵活多样，推出更完善的、能与《补贴与反补贴措施协定》兼容的政策，力争在新能源产业领域占据国际竞争的制高点。要减少对化石燃料的依赖，降低温室气体排放水平。

三是推进全国统一碳市场的形成和完善。2017 年年底全国统一碳市场的启动，是利用市场机制控制温室气体排放的重大举措，有利于降低全社会的减排成本，有利于推动经济向绿色低碳转型升级。具体实施应分阶段、有步骤地开展碳市场建设，逐步完善碳交易市场建设法律体系，包括碳交易管理条例、碳排放报告管理办法、核查机构管理办法、碳交易管理办法等“1 +3”立法体系。

第三节 碳标识制度的法律分析及应对建议

一、碳标识的概念及发展

（一）碳标识的概念

碳标识是指产品（碳标识所针对的产品也包括服务）的碳足迹标志，即基于产品生命周期分析（Life Cycle Assessment，LCA）和产品碳足迹（Product Carbon Footprint，PCF）的计算方法学，将产品在生产、使用和弃置各个阶段所排放的二氧化碳及其他温室气体的总量以标识的形式予以表述，是对产品导致气候变化的环境性能的声明。碳标识的形式，除了碳足迹标志，还包括碳消减标识和碳等级标识，前者是证明该产品比其他产品所节约的一定比例的碳含量，后者是按照产品的碳含量划分为不同等级，证明产品对气候影响的不同程度。①

碳标识通过在商品上加注碳排放过程和程度的方式，使碳排放的来源透明化，直接影响消费者的选择，从而促进企业采取相关措施减少对环境产生的不良影响，被认为是鼓励消费者和生产者支持保护环境和气候的一种方法。为了更好地理解碳标识概念，还可以从碳标识的特征和分类对其进行描述。

---

① 杜群、王兆平：《国外碳标识制度及其对我国的启示》，载《中国政法大学学报》2011 年第 1 期。

1. 碳标识的特征

碳标识是一种特殊的环境标识，具有“环境标志”的基本特征，是一种标注在产品或其包装上的“证明性商标”，表明该产品不仅质量合格，而且在生产、加工和处理处置过程中符合特定的环境保护要求，与同类产品相比，具有较少环境危害、节约资源等环境优势。从特征上看，碳标识是低碳减排类型的环境标志，二者都具有环境信息披露的基本形式，通过对产品的环境信息进行公告，面向消费者，引导绿色消费意识，从而刺激生产者采用更清洁节能的生产方法，促进全社会对环境绩效的共同关注，增加对环保的产品或服务的市场需求，最终通过市场机制发挥社会可持续发展的潜能。

二者在概念上具有明显的共同点，属于一种典型的词义逻辑上的属种关系。碳标识区别于一般环境标识的环保要求，专门针对的是产品生产过程中产生的碳排放信息，表示的是对低碳产品的碳使用效率进行合格评定的证明性标志，标注出产品从原料到成品整个过程中所消耗的二氧化碳的数量，在原材料获取、生产、使用和最终废弃过程中符合低碳标准的要求，具有低能耗、低排放等环境优势。

2. 碳标识的分类

根据碳标识认证许可的监管方式不同，可以把碳标识分为强制性碳标识和自愿性碳标识。尽管二者在定义解释、组成要素和计算标准等一般问题上的实施办法并无不同，但区别于是否存在法律强制力，两类碳标识在实际效力和应用领域上存在显著差异。通过各国法律、行政法规等强行性规范加以执行的碳标识制度，国家为了保护环境、完成国家碳排放减排目标，可以迅速加以推广和施行。自愿性碳标识是重在倡导和鼓励，可能伴随着经济激励措施，但不受法律强制力约束，可以由使用人自主决定是否在产品上采用，在产品的认证、许可和监督等方面，主要通过市场来调节，相比强制性碳标识，具有选择自由、内容丰富和形式多样的优点，运用的领域更广泛。

由于强制性碳标识制度具有的强制力特点，很容易发展成为国家贸易中的新型贸易壁垒，受到发展中国家的反对和抵制；自愿性碳标识则只是作为一种环保标志加以选择性标明，受到大多数发展中国家的积极欢迎和主动认可。

（二）碳标识制度的发展

发达国家的碳标识制度已经逐步形成。英国、法国、德国、日本、加拿大、瑞士、瑞典、西班牙、韩国、新加坡、智利和新西兰等十几个国家已开始推行碳标识制度。本文拟简要介绍其中几个国家的做法。

英国是全世界率先开始研究和实施碳标识的国家，其碳标识制度发展比较完善，包括碳足迹标识和碳消减标识，前者是向消费者告知产品的碳足迹或碳排放量，后者是指那些参与了产品碳足迹标识实践且成功减少排放温室气体的企业，由英国碳信托有限公司（Carbon Trust）① 授权在商品包装上标明其已消减温室气体的一种标志。② 2007 年 3 月，英国碳信托有限公司和英国的食品、服装和洗涤剂生产商合作，推出全球第一批加贴碳标识的产品，如沃尔克薯片（Walkers Crisps）、特易购超市（Tesco）等开始对自家产品的碳足迹进行披露，沃尔克薯片的生产商成为首家成功获碳信托有限公司颁发碳消减认证书的企业。

英国碳标识制度的主要规范依据是 2008 年颁布的一项公众可获得性规范（Publicly Available Specification，PAS），《商品和服务在生命周期内的温室气体排放评价规范》（PAS2050：2008）（以下简称

---

① http：//www. carbon – label. com/business/about. htm. 转引自杜群、王兆平：《国外碳标识制度及其对我国的启示》，载《中国政法大学学报》2011 年第 1 期。

② 冯相昭、赖晓涛、田春秀：《关注低碳标准发展新动向——英国 PAS2050 碳足迹标准》，载《环境保护》2010 年第 3 期。

PAS2050）。它由英国标准协会（BSI）、碳信托有限公司和英国环境、食品与农村事务部（Defra）联合制定和发布，是英国第一部较权威的、适用于产品和服务的统一的碳足迹测量的标准。PAS2050的重要贡献是：提供了一套统一的碳足迹的方法体系，可以在清晰、具体的评价要求和实施方法的指引下，依据规定的评价要素及其技术手段，对各种商品和服务在其生命周期内温室气体的排放进行评估。在此基础上，将产品碳足迹评价活动按照评估边界的不同进行分类：一类是针对从商业到消费者（即“从摇篮到坟墓”）的评价，包括在整个生命周期内产品所产生的温室气体排放；另一类是针对从商业到商业（“从摇篮到大门”）的评价，包括直到输入到达一个新的社会主体之前所释放的温室气体（包括所有上游排放）。① 为了促进 PAS2050 的实施，英国还颁布了一项以传递碳足迹信息和温室气体排放量的减少情况信息为目标的条例，即《商品温室气体排放和减排声明践行条例》。该条例由英国碳信托有限公司和节能信托有限公司联合颁布。它为完成依照 PAS2050 进行测量和计算商品碳足迹后如何交流和传递碳足迹信息提供了管理机制。② 作为技术规范，PAS2050 的适用富有积极的意义，为消费者在作出购买决策以及使用商品和服务时提供了一个更好地理解在生命周期内的温室气体排放的机会。

法国推行碳标识制度的初期，主要以自愿参与为主。法国企业实施的碳标识，都是自愿性的，不需要得到官方授权或认证，但是政府环境和能源机构积极支持企业的这类活动。法国的超市巨头卡西诺（Casino）也采用自身的气候变化标签体系，用“食物里程”的概念来表述问世气体排放量，在自有品牌的商品上同时标注环境

① 参见杜群、王兆平：《国外碳标识制度及其对我国的启示》，载《中国政法大学学报》2011 年第 1 期。

② 参见冯相昭、赖晓涛、田春秀：《关注低碳标准发展新动向——英国 PAS2050 碳足迹标准》，载《环境保护》2010 年第 3 期。

友好和二氧化碳排放量两个商标，即以“碳指数标签”（Indice Carbon Label）的形式标明产品的碳含量，① 卡西诺已经在 26 种自有品牌的产品上实施碳标识，最终将要覆盖所有 3000 种产品。这种碳足迹的方案引起了法国政府的关注，甚至希望其修改后能与英国的 PAS2050 合并。②

2010 年，法国政府开始推行碳标识立法，“新环保法”开启了全球首个涉及强制性的碳标识制度，其中第 85 条强调，应通过标记、标签、张贴或任何其他“合适”的方式告知消费者产品及其包装的碳含量，以及这些产品生命周期内对自然资源的消耗和环境的影响。③ 目前，法国的环境管理机构和标准化研究所负责碳标识标准化的进程。④

日本碳标识制度的推行是自上而下的，也是最早开始进行碳标识制度建设的亚洲国家。日本从 2009 年 4 月开始试行自愿性碳标识，涉及加工食品、轻工和部分机电产品。2011 年 4 月，日本正式实施农产品碳标识制度，将碳标识制度的执行范围在之前的基础上进一步扩大至整个农产品类别。规定碳足迹的核算包括产品整个生命周期，每个环节中所产生的二氧化碳都要在产品的碳标识中进行详细说明，以便消费者更加清晰地了解该商品在每个环节中对环境的影响程度，这样消费者在选购商品时可以对每个产品的整体碳排量进行综合，进而购买低碳产品。

德国的碳标识制度是由世界自然基金会（World Wide Fund For

---

① 丁丁、杨秀等：《中国低碳发展政策路径研究——从顶层设计到实践应用》，科学技术文献出版社 2015 年版，第 69 页。

② Rikki Stancich, Summary of global carbon labels, http：//www. climatechangecorp. com/content. asp? ContentID =5828，最后访问 2015 年 10 月 30 日。

③ Environment-related measures, Carbon footprint labelling. https：//www. wto. org/english/news e/news e. html，最后访问 2015 年 10 月 30 日。

④ First standards published for mandatory environmental labeling, http：//affichage-environmental. afnor. org/，最后访问 2015 年 10 月 30 日。

Nature，WWF）、应用生态学研究所（Institute for Applied Ecology，IAE），以及波茨坦气候影响研究所（The Potsdam Institute for Climate Impact Research，PIK）还有Themal智囊团等共同发起，以为企业提供产品碳足迹评价与交流，减少碳排放，构建环境友好型消费为目标，吸引了包括巴斯夫股份公司（BASF）、德国朗盛（DSM）、德国汉高公司（Henkel）、REWE集团（REWE Gruppe）在内的数十家德国企业积极参与。2009年2月，碳足迹标识开始试点推行，涉及的产品包括了食品、电信等多个类别。值得一提的是，德国的碳足迹标识并没有标注明确的碳排放数量，只是说明了该产品已经对碳足迹进行了分析。①

美国的碳标识制度主要是由3大标准专业公司推动，其碳标识包括三类。第一类主要在食品类产品中推行，于2007年由美国Carbon Label California公司推出，该标识目的在于引导消费者选择更加环保的产品，提高消费者的环保意识，碳标识数值由产品生命周期评价（Life Cycle Assessment，LCA）② 方法计算得到；第二类是适用于碳中合产品的碳认证，涵盖的产品范围为服装、糖果、灌装饮料、烤箱以及组合地板等，由Carbonfund公司推出，其标识数值由LCA为基础计算得到，并委托第三方予以评估，每年进行一次生命周期评估的复审。第三种是由原属于斯坦福大学的Climate Conservancy公司开发的气候意识标识（Climate Conscious Label），这个标识并不针对某些特定产品，意在通过引导消费者低碳产品，从而减低碳排量，

---

① 参见胡剑波等：《发达国家碳标识发展实践》，载《世界农业》2015年第9期。

② 1990年，国际环境毒物学与化学学会（SETAC）主持召开的有关生命周期评价的国际研讨会上首次提出生命周期评价（Life Cycle Assessment，LCA）的概念。生命周期评价是一种对产品、生产工艺以及活动对环境的压力进行评价的客观过程，它是通过对能量和物质利用以及由此造成的环境废物排放进行辨识和量化来进行的。

缓解气候变化，该标识得到了以美国零售业巨头沃尔玛为代表的大型跨国公司的积极响应，该标识的碳排放数值同样基于产生生命周期评价方法计算得到。

二、碳标识制度的法律评价

目前碳标识的发展尚未成熟，有关制度和法律体系还未健全，测量核算的标准不一导致碳信息差距较大，潜在的贸易壁垒也容易触发国家间的贸易摩擦，我们既要看到碳标识的积极意义，也要做好应对准备，维护我国在国际贸易中的正当权益。

（一）碳标识具有识别和引导意义

在应对气候变化的背景下，绿色消费受到推崇，碳标识制度本身并非一项节能减排制度，但是在计量和探寻碳排放的产生足迹时，却有着重要的识别和引导意义。通过标注产品生产过程中的碳信息，提示和引导消费者选择绿色低碳产品，间接对企业的行为选择发生影响。碳标识制度鼓励低碳产品的发展，可以降低全社会的环境成本，促进经济、社会和环境的可持续发展。使用有碳标识的“低碳产品”是对传统生产和消费模式的创新，一方面，可以对生产领域中各类活动的温室气体设定相关限值标准，有助于产业自身节能减排和提高竞争力；另一方面，可以引导社会树立良好的消费价值观，有助于构建全方位的生态消费体系。碳标志的广泛实施还为国际贸易增添了新内容，环保技术，环保咨询、环保标准等越来越多地成为国际贸易的对象。

（二）强制性碳标识属于贸易壁垒

碳标识属于一种信息的披露，其贴于产品之上，需要明确揭示产品在生产过程中的碳信息，反映“碳足迹”。同时，也间接反映生产国的环境状况和环境技术水平。这种信息披露，是产品生产者过去不需要考虑的，但是通过碳标识的实施，成了消费者选择产品时新的考虑因素，如果成为强制性要求，则更容易被滥用。

在碳标识的技术涉及和具体要求上，产品类别的定义和选择、标准的制定都对企业至关重要。在国际贸易领域，统一的产品碳排放量化评价体系虽然尚未形成，但是国际标准化组织制定了碳排放测定量化、认可和验证机构的标准体系。在实践中，在产品整个生命周期内用于评价产品环境影响的数据的收集大都基于进口国或者具有类似环境条件的其他国家的信息，进口国可能面临难以满足技术指标要求的数据水平，而这些数据可能夸大了其在生产国造成的环境影响，看似是绿色贸易的新要求，实为新的贸易壁垒。在适用上，强制性碳标识可能与 WTO 的非歧视原则发生冲突，在援引环境例外规则时，也难以实现逻辑自洽，这一点，与前述碳关税的合法性分析，具有相似性。

（三）推行强制性碳标识有违“共同但有区别责任”原则

发达国家推行的碳标识认证貌似合理，主要是因为其声称这种做法是通过市场机制来调节温室气体排放容量资源的分配，体现了效率原则。但是，由于碳标识认证的单边特点，没有通过国际条约公平的推进，难免与现有气候变化公约确立的基本原则相违背。

在碳排放评估方法上，没有考虑发展中国家的现实条件。发达国家与发展中国家的生产技术水平差异显而易见，在推广碳标识的使用中，其所单方设立的标准主要体现了这些国家的单边利益。在碳排放强度和过程的评估方法和评估标准上，碳标识反映单个产品的碳排放情况，实际是对气候资源进行平均分配，以单个产品作为气候容量的基本载体，没有考虑发达国家和发展中国家劳动生产力水平、能源利用效率等技术差异，其必然结果是导致全球共同的温室气体排放容量资源在不同个人之间的不平等分配。2009 年 5 月 15 日，瑞典国家食品管理局根据欧洲议会及欧盟理事会的要求，发布了一份关于“食物选择对环境影响”的提议，在其中反复强调长距离食物运输对气候系统稳定具有严重的负面影响，并提出了运输距离越长，温室气体排放越多的主张。① 在这样的标准下标注产品的碳足迹，发展中国家的进口产品显然处于竞争劣势。这种看似平等的方法，忽视了“区别原则”。②

在碳排放权的分配上没有考虑发展中国家的生存性排放权和历史排放的因素。这个在第二章已有述及。发展中国家的排放属于生存性排放，而发达国家更多的是满足奢侈需要的排放，发达国家人均实际消耗的自然资源与环境容量远远超过发展中国家，产生了更多的碳足迹。目前，美国等发达国家具有典型的奢侈型碳排放特征，有数据表明，即使按照高标准的生活条件来估算，美国在人居条件、个人交通等生活领域的奢侈型碳排放比例仍高达 8.5%。③

碳标识的规范体系的设计并没有考虑这一点，表面上消费者通过正当地行使财产权利依据碳标识选择商品，貌似合理，但是，由于产品不区分来源国，并没有考虑发展中国家的生存性排放权，有违共同但有区别原则。④

三、碳标识制度的中国应对

目前，中国还没有公认的、完整的、可实行的碳标识体系，消

① Swedish National Food Administration, the National Food Administration's Environmentally Effective Food Choices , http://www.slv.se/up－load/document/miljo/enviromentally－effective－food－choicesproposal－eu－2009, pdf. Last visit on may 30, 2009. 参见樊杰、李平星等：《个人终端消费导向的碳足迹研究框架——支撑我国环境外交的碳排放研究新思路》，载《地球科学进展》2011 年第 1 期。

② 王志华：《国际法框架下碳标识认证合法性思考》，载《政法论丛》2011 年第 6 期。

③ 樊杰、李平星等：《个人终端消费导向的碳足迹研究框架———支撑我国环境外交的碳排放研究新思路》，载《地球科学进展》2010 年第 1 期。

④ 王志华：《应对气候变化公约框架下的“碳标识”认证正当性思考》，载《山东省农业管理赶不学院学报》2012 年第 2 期。

费者在生活中也几乎看不到贴有碳标签的商品。在应对碳标签制度上，无论是企业还是政府，都处于相对被动地位。但中国作为制造业出口大国，处于国际产业分工中的低端位置，贸易出口产品主要以高能耗、高碳密集型产品、低附加值为主，出口产品在生产和运输环节中往往具有较高的碳足迹。在主要发达国家纷纷推行碳标识认证制度的背景下，中国应积极探索碳标识制度建设，具体可以考虑从以下几个方面入手：

（一）加快提高国内产品的绿色竞争力

中国是制造业大国，2017 年，中国货物贸易进出口总额 27.8 万亿元人民币，比 2016 年增长 14.2%。其中，出口 15.33 万亿元，增长 10.8%，扭转了连续两年负增长的局面，外贸回稳向好态势持续巩固。① 未来，要保持我国出口贸易的可持续发展，就必须提高国内产品的绿色竞争力，满足国际市场环境对低碳节能的新要求，企业对于日益严格的环境保护要求要有适应能力，只有做好跨越低碳壁垒的准备，才能保持或提高产品国际市场占有率和盈利率的能力。

在具体措施方面，可以从制造业开始，按照国际通用的产品生命周期理论，对加工贸易产品的碳足迹进行测算。从进口原材料到生产加工及物流运输，再到出口制成品，控制每一环节的碳排放程度，增强产品的绿色竞争力，顺应世界商品发展的潮流，拉动环保产业和绿色产业快速发展。同时，也为反制发达国家可能对我国产品要求强制性碳标识认证做好准备。

（二）逐步完善碳标识制度的相关立法

2011 年，交通运输部发布《公路水路交通运输节能减排“十二

---

① 《中国对外贸易形势报告（2018 年春季）》，商务部网站，http：//zhs.mofcom.gov.cn/article/cbw/201805/20180502740111.shtml，最后访问 2018 年 8 月 1 日。

五”规划》，提出要“建立交通运输行业能效与低碳标识、节能低碳产品认证制度”。2012年，工业和信息化部、国家发展和改革委员会、科学技术部、财政部联合印发《工业领域应对气候变化行动方案（2012—2020年）》，提出建立工业碳排放评价标准体系、研究制定低碳工业产品标准，推动实施低碳工业产品认证和碳标识。近年来，中央政府关于鼓励、支持推行低碳标识和绿色产品标准的规范性文件密集出台，2016年12月7日，国务院办公厅发布《关于建立统一的绿色产品标准、认证、标识体系的意见》，提出要“制定基于产品全生命周期的绿色产品标准、认证、标识体系建设一揽子解决方案”。但上述制度目标的实现，需要法律加以引导、规范。

碳标识制度的立法完善对于未来中国制造业的绿色竞争力意义重大，尽管有一种担心始终存在，即包括碳标识在内的节能减排措施可能增加企业的环境成本，制约我国经济发展。但是，目前中国经济发展中的困难不是环境成本太高，而是生态环境恶化、资源耗竭给经济发展带来的掣肘。碳标识的实施，不论是产品的碳足迹记录，还是消费者的引导推动，都能够鼓励和促进企业自主进行节能减排的技术革新，成为企业承担更多社会责任的内生动力，从而推动中国产业经济的低碳发展，也能更好地促进中国制造业走向世界。

（三）积极参与国际低碳谈判，争取低碳话语权

目前国际低碳技术基本上掌握在发达国家手中，相关的国际会议和谈判也基本由发达国家主导。因此，一些规章制度的制定对于包括中国在内的广大发展中国家存在不利因素。因此，我们有必要在坚持共同但有区别责任的原则基础上，捍卫发展中国家的碳排放权。

在碳排放责任划分、低碳减排技术合作等方面，由于碳标识制度具有指向性的功能，通过对碳足迹的披露，也可以揭示现有的碳

排放责任划分对中国的不公平。中国在事实上承担了生产和加工出口产品的全部排放责任，也即承担了全球经济合作分工中的转移污染排放和环境损害，而实际消费产品的进口国，却不承担碳排放责任。因此，现有的碳排放计算规则，对于中国这样有着巨大贸易顺差的国家，极为不公。碳标识明确产品的碳排放在哪些环节有着怎样的消耗，有利于对产品的流向给出定量评价。据此，在国际碳排放计算规则方面，中国可以从主张消费者承担一定碳排放责任的角度出发，积极争取，参与规则的制定。在诸如碳标识认证程序、认证标准制定、碳足迹核查方法等问题上，要在平等互利的基础上，建立国际间公平合理的低碳认证与核查机制。

（四）建立专门机构，制定科学的“碳标识”认证标准和程序

目前我国亟待建立规范的碳认证机构，完善这一领域的相关规范要求。要想破解碳壁垒，应对强制性碳标识认证要求，就必须结合国际上的成功经验和通行做法，在国内实施相应的碳核查、碳认证制度，建立“碳认证”的权威性专业机构，并制定相关规章，使我国的“碳认证”达到科学化、规范化的程度，才能在国际进出口贸易活动中处于双向平等的地位，不让碳标识成为发达国家对我国产品的单向要求，真正拥有与其他国际贸易伙伴在碳标识制度领域的合作基础。

第五章　碳泄漏的国内应对：构建新时代低碳法律制度体系

法律规则或规范是制度的根据，也是制度的存在形态①，任何一项法律都有其特定的立法目的和调整范围，法律规则或规范作为法律制度的组成部分，应属于完整制度逻辑链条中的连接部分，即“一项法律是一个特定的法律体系在一个特定的时间内的一项有效地存在的规则”。② 每一项法律必然有其特定的使命，调整某一领域或某一类型的法律关系，同时，各项法律的关系应当是有机联系的整体，共同发挥着调整特定领域社会关系的作用。

在应对碳泄漏的问题上，如果仅把其作为一个气候变化国际应对的问题，那么我们的讨论或许就停留在如何参与国际气候谈判、如何兑现减排承诺、如何应对发达国家以此为由采取的单边贸易措施等问题上。但是，当今时代，是深刻变革、深度调整的新时代，中国社会发展面临全面深化改革的新要求。中国经济已由高速增长阶段转向高质量发展阶段，正处在转变发展方式、优化经济结构的攻关期。要破解资源短缺、环境污染、生态退化等困境，实现可持续发展目标，加快推动低碳发展、绿色发展是必然选择。

当前中国经济发展对“高碳”能源的依赖是造成国内环境危机

---

① 肖国兴：《论能源法律制度结构的形成与形态》，载《郑州大学学报（哲学社会科学版）》2011 年第 5 期。

② ［英］尼尔·麦考密克等：《制度法论》，周叶谦译，中国政法大学出版社 1994 年版，第 70 页。

的重要原因。改变我国的能源消费结构、实现节能减排、应对气候变化与低碳发展无疑都需要有法治的规范和引导。当前我国在应对气候变化与低碳发展领域的立法还存在着明显的缺失或滞后。碳泄漏问题进一步暴露了低碳法律制度不完善导致的发展困境，一方面，当今国际竞争本身就是绿色发展能力的竞争；另一方面，新时代背景的发展应有新要求、新目标，低碳发展和绿色发展都属于可持续发展的具体要求。

基于以上背景，我们探讨碳泄漏的国内应对进路，并不寻求一套专门以消解碳泄漏为目标的制度体系，而是在已有的法治建设基础上，寻找发挥制度效率的连接点，进而在整个国内法律制度体系化、协调化的目标语境下，提出法律制度体系完善的意见和建议。

目前，与碳泄漏相关的法律制度和规范主要分布于能源法和环境法领域，与应对气候变化和低碳节能密切相关的法律制度主要体现在：对能源开发利用和消费行为的规制、碳市场交易制度建设以及构建碳标签制度等几个方面。

从立法现状来看，政府主导下的相关低碳节能的规范制定主要从解决问题的思维出发，应急应景的举措多，但在整体结构性上考虑不足，导致一方面各类法律文件数量庞杂、相互关系复杂；另一方面各类规范和制度的可操作性不强，制度之间的配套不足，立法理念和目标不统一，不成体系。因此，有必要在梳理应对碳泄漏需要哪些法律制度措施的基础上，对已有的相关法律规范进行梳理，以实现有效应对为目标，寻求法律制度协调链接的整合方式，构建一个有着统一的法律价值理念的法律规范体系，既能实现整体意义上的目标，又能促进有机联系的各项法律制度实现各自特定的目标。

第一节　理念调整与制度完善：能源法的生态化及体系化

一、低碳背景下的能源法发展现状

在低碳经济发展的需求下，化石能源的燃烧被认为是引起温室效应的罪魁祸首，传统能源法的立法理念、功能定位和制度发展现状都不能与之相适应。传统的能源法律关系脱胎于计划经济体制，更多地体现出行政法的特征，即以维护能源行政管理关系为基础，以政府行政命令直接管理能源事务与能源企业服从政府命令为方式，包括能源经营特许权的授予、产供销计划的执行、税收征管、企业征用或国有化和补贴等。① 这种行政色彩与传统能源法的规范目的密不可分，即能源的法律关注是确保实现安全、有效、持续的供应，并未对抑制能源浪费或管理其外部性进行足够的考虑。1996 年，国内第一本能源法教科书将能源法定义为“调整能源合理开发、加工转换、储运、供应、贸易、利用及其规制，保证能源安全、有效、持续供给的能源法律规范的总称”。② 虽然提到了能源合理开发利用，但是调整和规则的目的指向的仍是保证“供给”，缺乏对节能减排的有效促进机制。

2005 年《可再生能源法》的颁布体现了政府希望通过法律保障，推动能源市场建立和发展的意图，相比过去那种依靠政府主导，以行政命令、红头文件代替法律制度的做法，有了很大的进步，从内容看，鼓励各种所有制经济主体参与可再生能源的开发利用，依法保护可再生能源开发利用者的合法权益。反映了我国在合理利用、保障供给的能源法建设领域逐步走向法治化的进程，同年 12 月，

① 马俊驹、龚向前：《论能源法的变革》，载《中国法学》2007 年第 3 期。
② 肖乾刚、肖国兴主编：《能源法》，法律出版社 1996 年版，第 56 页。

《能源法》的制定被纳入立法计划，标志着能源法制发展分散立法、技术性立法时代的结束，进入了以“保障能源安全、提高能源效率、注重能源环保”为核心理念的立法阶段。[①] 2007 年《节约能源法》修订，在法律层面将节约资源确定为我国的基本国策，明确国家实施节约与开发并举、把节约放在首位的能源发展战略，专章规定了激励措施，如税收优惠、财政补贴、价格政策、信贷支持等，明确了能源向市场化改革的方向，希望通过引入激励机制，提高制度绩效，促进多主体共同参与法律治理，而非单纯的命令——控制模式。此后，《民用建筑节能条例》《公共机构节能条例》等配套规定相继出台，《循环经济促进法》颁布施行，加上《能源发展“十一五”规划》《可再生能源中长期发展规划》《可再生能源与新能源国际科技合作计划》等一系列规范性文件，能源法制不断向前发展。近年来，我国一些重要的能源单行法律都根据现实发展需要作出了适时的调整与修改，如 2009 年、2011 年、2013 年先后三次对《煤炭法》进行修正，现阶段，中国的煤炭生产和销售市场已经放开，价格初步实现了市场化；2015 年对《电力法》进行了修正，电力体制改革取得重要突破，基本实现了政企分开、厂网分开，社会资本得以更多地进入能源领域；2016 年 7 月，《节约能源法》再次修正，进一步强化了固定资产投资项目节能评估和审查的法律要求。

总的来说，经过不断探索，中国的能源法体系已经初具规模，各类能源单行法和能源配套法规的推行和修订，初步构建了我国能源利用和管理的制度基础。当前我国能源法发展主要呈现以下几个方面的特征：

一是在可持续发展理念的指导下，能源法与环境法趋近并融合，能源法的生态化趋势成为能源法发展最突出的特征，能源法的目标

---

① 叶荣泗：《回顾与展望：改革开放以来的我国能源法制建设》，载《郑州大学学报》2009 年第 5 期。

和任务发生变化，能源安全已不局限于能源供应方面，已扩大到了能源相关的生态安全。① 2016 年修订的《节约能源法》，将“保护和改善环境，促进经济社会全面协调可持续发展”写入了立法目的，体现了对节约能源、可再生能源领域的各类法律关系的关注和调节，是能源法生态化的体现。

二是气候变化背景下，实现低碳节能减排目标逐渐成为能源法制建设的重要主题。2015 年，中国政府发布《强化应对气候变化行动——中国国家自主贡献》，将“构建低碳能源体系”“控制煤炭消费总量”作为应对气候变化的重要举措。② 同年，《生态文明体制改革总体方案》提出“建立能源消费总量管理与节约制度”“逐步建立全国碳排放总量控制制度与分解机制”“推行用能权和碳排放权交易制度”等创新举措，体现了对能源体制改革的构想，低碳化是重要目标。

三是能源市场化初步形成。2005 年，煤炭价格基本实现市场化改革，到 2016 年，我国 80% 以上的天然气价格已经由市场主导形成，电力直接交易规模已经达到 23% 左右，电力体制改革使得电力行业实现了有限的市场化。2017 年 11 月，国家发展和改革委员会发布《关于全面深化价格机制改革的意见》，明确了未来三年能源价格市场化改革的目标：到 2020 年以“准许成本 + 合理收益”为核心的科学定价制度基本建立，促进绿色发展的价格政策体系基本确立，低收入群体价格保障机制更加健全。

在能源产业的传统模式下，唯一的法律关注是确保供应，而不是抑制能源浪费或管理其外部性，尽管经过了若干年的发展和完善，

① 杨翠柏、陈宇：《从“人治”时期到“后生态化”设想——中国能源法制发展回顾及预判》，载《西华师范大学学报（哲学社会科学版）》2016 年第 2 期。

② 《强化应对气候变化行动——中国国家自主贡献》，中央政府门户网站，www. gov. cn，最后访问 2015 年 6 月 30 日。

仍然存在以下不足：

一是能源法的生态化变革尚未实现，以绿色为导向的生态发展观并未成为一系列能源立法的统一指导思想。在能源产业的传统模式下，唯一的法律关注是确保供应，而不是抑制能源浪费或管理其外部性。即使有的单行法提出了保护环境和可持续发展的立法目的，但从各项能源法律的制度安排看，法律设计的核心仍然是为经济目的服务，缺乏对生态化目标的充分考虑。即便在立法环节对生态化进行更为周密的考虑，生态化的变革还需要依赖执法和司法环节的有力支撑，目前这些环节的缺位显而易见。

二是能源法体系仍未建立。（1）能源基本法缺位。明确能源法价值和功能定位、调整能源领域各类法律关系的、具有综合性、基础性法律地位的《能源法》仍未出台。能源基本法的缺失，导致能源领域中能源规划战略、能源管理体制、能源结构、能源安全保障、能源与环境的协调等的综合性问题难以解决。① 使得本应由能源基本法承担的统领各单行法、创建各项能源基本法律制度基础的功能无从实现；（2）《节约能源法》《可再生能源法》等综合性的低碳化单行法缺乏相关配套法规和政策，难以贯彻实施，与《科学技术进步法》《清洁生产促进法》《循环经济促进法》等技术研发与创新的相关规范缺乏衔接和协调；（3）存在若干单行法的立法空白，尽管我国建立了以《节约能源法》《可再生能源法》《煤炭法》《电力法》等为主体的能源立法体系，但距能源立法系统化尚有一定的距离，在各项单行能源法中，控制温室气体尚未被明确为相关能源立法的立法目的，专门的《气候变化法》尚未出台，鼓励、规范新能源开发利用的《原子能法》《太阳能法》《风能法》以及《地热法》等单行法律仍是空白；（4）能源法不能适应低碳经济发展的需求。一系

---

① 龙珏：《关于重构能源立法体系的思考》，载《西南农业大学学报（社会科学版）》2007 年第 6 期。

列鼓励促进低碳经济发展、调整能源消费和能源结构的政策性文件相继出台，但尚未上升到法律层面。实践中，对于排放单位或者用能企业而言，采用节能减排措施如何带来效益、参与碳排放权交易的权利如何保护等问题，都缺乏明确的法律依据。

三是我国能源管理体制尚未理顺。在气候变化背景下，能源法发展的基本要求不足以适应能源综合管理的新要求。当前我国能源管理体制尚存在管理级别较低，职权分散、权责不清，2018 年《国务院机构改革方案》出台后，生态环境部作为正部级单位，负责应对气候变化工作，包括组织拟订应对气候变化及温室气体减排重大战略、规划和政策，但国家能源局仍隶属于发改委，其职能包括推进能源体制改革，拟订有关改革方案，协调能源发展和改革中的重大问题，但并未规定其参与应对气候变化的相关职责，在节能减排方面，国家能源局负责能源行业节能和资源综合利用，但仅限于参与研究能源消费总量控制目标、提供建议指导和监督，没有涉及对节能减排的监管与行政执法活动，在能源监管与环境执法的衔接和协调上，超部门、权威性的管理机制有待建立。

四是市场化机制尚不完善。现行能源价格的形成机制仍然无法摆脱政府定价和垄断性价格，政府仍在价格形成中起主导作用。一方面，从供给侧来看，价格形成并非由市场供求关系和资源稀缺决定，市场失灵导致能源行业结构性失衡，能源浪费和资源破坏严重，能源领域的权力寻租现象长期存在，制度绩效低下，腐败现象严重；另一方面，从需求侧来看，由于政府补贴的存在，能源价格不能反映能源价值，市场供求关系难以对价格产生影响，市场失灵和能源过度消费的现象并存，能源使用效率难以提升，能源消费结构难以改善。

二、能源法的低碳化

能源领域涉及的生产方式、消费方式，都离不开对自然资源的开发和利用，在气候变化的背景下，能源法律应打破旧的功能定位，转变到以调节能源需求和能源利用为主的模式，[①] 能源领域需要通过立法的变革推动相应权益博弈关系的重新平衡。从经济基础与上层建筑的关系来看，探讨碳泄漏的法律应对问题，要考虑如何从源头控制排放，而排放总是伴随着经济活动进行的，能源法的制定一定要适应低碳经济的发展需求，能源法的低碳化是低碳经济发展的制度保障。

（一）能源法低碳化的合理性

在气候变化语境下，能源法低碳化的合理性主要可以从内外两个方面分析：

从外在因素来看，全球气候合作要求是能源法转型的重要外因之一。并非所有的能源都取之不尽、用之不竭，气候资源也不是人类可以无限制消耗的；即使中国作为发展中国家，主张碳排放权是一种发展权，但是“共同但有区别的责任”原则能否在《巴黎协定》之后继续长期得以维系，还不确定。发达国家以碳泄漏为由施压，同时，发展中国家的立场也出现分化，以小岛国联盟和最贫穷国家为代表的一些发展中国家认为，中国等新兴大国如果不受强制性减排的约束，世界碳排放总量得不到控制，小岛屿国家的生存权都将无法保证。习近平主席在巴黎气候大会上承诺：在“国家自主贡献”中，将于2030年左右使二氧化碳排放达到峰值并争取尽早实现，2030年单位国内生产总值二氧化碳排放比2005年下降60%－65%。这是中国坚持正确义利观，履行大国责任的体现。而改变能源消费结果，规制排放行为，应属于能源法的目标任务，因此能源法治建设需要实现低碳化的目标。

---

① See Adrian J. Bradbrook, Rosemary Lyster, Richard L. Ottinger, Wangxi, TThe law of energy for sustainable development, New York, Cambridge university press, 2005, pp. 125.

从内在因素来看，加强控制气候变化的自我约束，健全能源法律体系，推动能源法低碳化是深化体制改革的必然要求。众所周知，引起气候变暖的主要温室气体——二氧化碳80%来自煤炭、石油等不可再生的化石能源燃烧，当前中国经济持续增长的事实表明，能源消费总量还会继续维持在一个较高水平，温室气体排放总量减少还存在一定困难，提高能源效率和发展新能源、可再生能源等都是能源法的基本内容，因此，能源法是控制温室气体进而遏制气候变化的主要规范途径，这也使得能源法的低碳化之于气候变化应对的意义尤为重要。对能源利用行为的规范管理、科学管理，建立节约合理利用机制，是促进能源利用发展、新能源建设的客观要求。近年来，《节约能源法》的修订、《可再生能源法》的颁行、《原子能法》等单行法的立法启动无不体现着气候变化对能源法低碳化进程的推动和促进。

（二）能源法低碳化的路径

能源法低碳化的实现离不开指导思想的转变、低碳化的能源制度建设和司法保障。

第一，要转变指导思想，从狭义的能源安全向能源可持续发展转变，可持续发展原则作为环境法的核心理念，对于引导以有利于气候保护的方式开发利用能源十分重要。① 可以吸收现行《环境保护法》的新理念，将可持续发展和生态优先原则明确为能源法的基本原则，能源的开发利用应采取有利于节能降耗的经济、技术政策和措施。2018年，李克强总理在《政府工作报告》中指出，要树立绿水青山就是金山银山理念，再次强调了“优化能源结构”，提出了推进重点行业节能减排的目标，要求“71%的煤电机组实现超低排放，煤炭消费比重下降8.1个百分点，清洁能源消费比重提高6.3

① 马俊驹、龚向前：《论能源法的变革》，载《中国法学》2007年第3期。

个百分点”。根据上述要求，我国能源法低碳化应着眼于从源头上控制，坚持可持续发展和生态优先原则。

第二，沿着政策引领、法治跟进的路径建立低碳化的能源法制度。当前能源法治的低碳化发展方向已经在各类政策文件中有了明确体现，如2016年的《“十三五”控制温室气体排放工作方案》已经明确提出：要把低碳发展作为我国经济社会发展的重大战略和生态文明建设的重要途径。国家能源局在《2018年能源工作指导意见》中提出了“清洁低碳、安全高效”的要求，相比2016年和2017年的《能源工作指导意见》，这一提法不仅改变了过去单一强调能源供给、能源利用效率的传统，还将“清洁低碳”放在了“安全高效”之前，体现了对绿色低碳发展的高度重视。

在我国立法实践中，政策先行，通过政策文件的指引，开展实践，并最终结合实践经验，制定成文法的做法并不鲜见。我国能源立法低碳化的路径也可以采取类似方法，从两方面入手：一是加快节能和低碳法律制度的融合。应将控制温室气体排放明确写入《节约能源法》之立法目的条款，① 充分发挥《节约能源法》在应对气候变化中的作用。② 目前，2015年发布的《节能低碳产品认证管理办法》明确了该项规章的制定目的是控制温室气体排放，应对气候变化，并就规范和管理节能低碳产品认证活动，作出了明确规定，是促进低碳和节能制度融合的成功实践；二是要加快从政策手段向法治化发展的步伐。将低碳节能领域的政策办法上升到法律层面。一些碳减排的目标行动计划和方案，需要通过法律法规加以确立并实施，如《“十二五”控制温室气体排放工作方案》，其加快产业结构调整、节约能源、提高能效、发展新能源、增加森林碳汇等的行

① 张忠利：《气候变化背景下〈节约能源法〉面临的挑战及其思考》，载《河南财经政法大学学报》2018年第1期。

② 吴志忠：《论我国〈节约能源法〉的完善》，载《学习与实践》2013年第10期。

动计划，在探索实施过程中，如果仅仅依靠政策推动，是难以达到应有的效果的，缺少法律规范的指引和保障，在执行过程，“低碳”（或“碳减排”）政策可能会变形、扭曲甚至出现反弹。①

第三，实现能源法与环境法的协调链接。能源法与环境法的协调链接主要体现在将环境法的基本原则、理念以及制度设计整合到能源法制度中，发挥环境法对生态环境和资源的保护作用，使得环境法在能源领域得以发挥相应的作用，能源的开发利用制度也满足低碳节能目标，具体可以考虑从以下几个方面着手：一是环境法的基本原则、理念融入能源法的立法原则和立法理念中，如生态优先、可持续发展等；二是环境法制度引入能源领域，如在能源开发和利用领域有条件的引入生态补偿制度，对能源规划和能源建设项目引入环境影响评价制度、节能减排制度中设计公众参与机制等。②

三、能源法的体系化

党的十八届三中全会提出要“建立系统完整的生态文明制度体系”，而能源法因其涉及有关能源开发利用的各种复杂法律关系，既要考虑经济安全，又要解决资源利用效率和环境保护目标。当前我国的能源立法依然不能满足经济发展对效率和低碳环保的要求，相关制度的建立和绩效发挥，依赖立法逻辑和结构的形成、协调和统一。从法律逻辑的规范性来看，能源法律“体系化”是形成能源法律制度协调链接的整合方式。③

大陆法系的学科构建一直对各项法律之间的内在逻辑和有机联

---

① 杨解君：《我国现行低碳立法的梳理、评价与改良》，载《南京大学法律评论》。

② 蔡守秋，王欢欢：《论能源法的生态化》，载《时代法学》2008 年第 6 期。

③ 肖国兴：《论能源法律制度结构的形成与形态》，载《郑州大学学报（哲学社会科学版）》2008 年第 6 期。

系有着不懈追求，法律规范总有其明确的目标和任务，即完成什么样的法律关系调整。由于大陆法系的法律规范数量庞杂，相互关系烦琐复杂，法律规范发挥作用的前提是有协调有机的制度结构，即要求各项法律规范在统一的立法理念和制度逻辑下形成协调稳定的制度结构，这种制度结构的形成，需要通过逻辑整合的方式，“将一个个被承认有效的法律规则统合起来，理性化成为一个毫无内在矛盾的、抽象法命题的综合体”①，从而形成法的体系化。体系化一直以来被大陆法系的法学家视为法学科理性与科学的象征，甚至认为，“唯有体系化才能维护法秩序的安定和正义。”② 萨维尼作为德国历史法学派的代表人物，认为体系化研究的任务是“阐述、揭示概念、规则之间内在关联与亲缘关系，一个概念或规则是如何从其它概念、规则中产生概念的，是如何由其他概念、规则确定或被更改。”③

在能源法领域，体系化建立的路径不仅仅是概念和规则的追根溯源，还应将战略、政策或规划等纳入体系之中，将其中的理论依据和制度渊源逐步通过法律规范加以固定化；在技术要求层面，“一个法体系的存在最少必须具备两个条件。一方面，那些符合法体系终极判准因而有效的行为准则，必须普遍地被服从；另一方面，这个法体系当中提供效力判准的承认规则，加上变迁规则与裁判规则。”④ 据此，能源法的体系化应满足以下几个方面的要求：

---

① ［德］马克斯·韦伯：《法律社会学》，康乐等译，广西师范大学出版社 2005 年版，第 70 页。

② 参见［德］茨威格特·克茨：《比较法总论》，潘汉典等译，法律出版社 2003 年版，第 109 页。

③ ［德］弗里德里希·卡尔·冯·萨维尼：《论立法与法学的当代使命》，许章润译，中国法制出版社 2001 年版，第 57 页。

④ ［英］H. L. A. 哈特：《法律的概念》，许家馨等译，法律出版社 2006 年版，第 110 页。

（一）尽快制定能源基本法

完善能源法律体系必须要有一部居于基本法地位的《能源法》，从法律层级来看，能源基本法应是其他单行能源法的上位法，在规范等级体系①中居于核心地位。由于能源涉及的自然资源是不可或缺的生产要素，是经济活动的承载物，也是环境保护制度的内容，依据下位法服从上位法的原则，能源基本法的功能应是承上启下的，对上承接宪法原则、贯彻宪法规定的能源法的基本性质和制度基础，将宪法的基本制度规定加以具体化，形成与宪法精神相统一的制度安排；对下应统领各个单行法，为各项能源法律规范搭建基本的法律框架和制度基础，居中应能够实现与环境法的基本原则和制度的协调与融合，同时将民法、行政法和刑法等基本法律的相关规范与能源领域各项法律规则有机联系起来，进一步加强自身的效力，为与其他部门法律的衔接奠定基础。

（二）完善《节约能源法》和《可再生能源法》

以应对气候变化为目标，减少排放和改善能源消费结构是能源法体系化的两大目标，因此，在《能源法》之下，《节约能源法》和《可再生能源法》是节能和低碳目标的两项重要单行法，需要与上位法一道，构成统一完整的法律结构体系，发挥制度应有的绩效。

《节约能源法》作为控制温室气体排放措施的上位法依据，其作用并未被充分认识。② 为了配合已经开始的全国统一碳市场建设，应考虑将碳排放总量控制和分解落实目标写入《节约能源法》，作为碳排放权交易的法律依据。同时，《节约能源法》相对于碳排放交易

---

① ［奥］汉斯·凯尔森：《法与国家的一般理论》，沈宗灵译，中国大百科全书出版社 1996 年版，第 141 页。

② 张忠利：《气候变化背景下〈节约能源法〉面临的挑战及其思考》，载《河南财经政法大学学报》2018 年第 1 期。

的相关制度、政策和办法，也应居于上位法地位，因此，应对《节约能源法》加以修改和完善，使之与现行的碳排放权交易办法协调链接。

2009 年的《可再生能源法》是我国可再生能源发展的基本法律依据，将可持续发展和保护环境列为可再生能源立法的目的，确立了总量目标与规划，以及促进可再生能源市场形成和发展的基础性法律制度，规定了一些涉及政府政策扶持的激励措施。但是，国家层面的立法还需要配套的行政法规、部门规章及政策的制定和完善，将《可再生能源法》中确立的基本原则和制度框架具体化，使之成为可操作和可实现的规范措施。结合可再生能源领域涉及的种类繁多特点，针对不同可再生能源类别的特点及其市场、技术、产业的发展状况，特别是国家的可再生能源发展战略、总量目标和发展规划，其法律激励和保障措施也应分别加以细化，合理地规范和引导。

（三）制定专门的《气候变化法》

为应对气候变化而制定气候变化专门立法是推动实现经济和社会的低碳发展，实现经济发展新常态的重要表现。① 目前，国家已经就气候变化的应对出台了一系列重要的政策文件，如《关于积极应对气候变化的决议》《中国应对气候变化国家方案》《碳排放权交易管理暂行办法》与《“十三五”节能减排综合性工作方案》等。2010 年 11 月，在国家发展与改革委员会和环境保护部的协调下，《中华人民共和国气候变化应对法》（社科院建议稿）起草研究项目启动，2012 年，社科院建议稿面向社会征集意见，但是，截至 2018 年 8 月，该项法律草案的制定仍在讨论中。专门的气候变化立法缺失，导致行政法规、部门规章和政策性文件的施行暴露诸多问题，大量政

---

① 钟经文：《论中国经济发展新常态》，载《经济日报》2014 年 7 月 28 日。

策性文件和部门规章缺乏稳定性和强制实施保障；已有政策方案、行动计划，虽然目标明确，但内容往往十分宏观，没有明确的法律依据，缺乏可操作性。因此，应尽快出台综合性的《应对气候变化法》，就国家应对气候变化的工作目标和原则、管理体制、减缓与适应的主要法律制度、激励机制和措施，国际合作等进行全面规定。①

第二节　构建与创新：碳排放权交易的法律规制

一、碳排放权交易的理论基础

碳排放权交易是利用市场机制降低碳减排成本的一种手段，② 碳排放权是一种典型的通过法律创设的权利，基于大气资源的稀缺性，将温室气体排放行为纳入法律规制的范围，设定温室气体可量化的额度或者目标，排放者通过碳排放权交易，在市场上出售或者购买排放权，实现碳排放环境容量资源的优化配置。

碳排放权交易制度的理论基础源于经典排污权交易理论，在一定区域内，污染物排放总量一定的前提下，内部各污染源之间通过排污权的货币交易，实现个体间的排放权调剂。这种制度可以激励减排成本低、减排技术较易实现的企业超量减排，在市场机制的基础性作用下，企业的超量减排可以使排污权剩余，出售剩余的排污权能实现经济回报。排污权交易以科斯定理作为理论基础，1960 年，R. H. 科斯在《社会成本问题》一文中提出，认为：如果市场交易成本为零，那么不论权利如何配置，市场机制会指引资源配置实现最优，也就是说，如果市场可以无成本交易，法律权利的任何分配

---

① 参见李艳芳等：《我国应对气候变化立法的若干思考》，载《上海大学学报（社会科学版）》2016 年第 1 期。

② 王树义、皮里阳：《我国碳排放权交易的制度危机及应对》，载《环境保护》2013 年第 20 期。

都能发挥效率。当然，现实的市场交易不存在零成本，因此，科斯第二定理成立，第二定理是一个反证，即如果考虑到交易成本，合法权利的初始界定以及不同规则形式的选择将会产生不同的资源配置结果。因此，法律的制定应以交易成本最低为目标。

由于环境资源具有稀缺性，环境具备多元的价值和功能，经济学家将其称为“公共物品”，为了防止环境资源的滥用导致“共有的悲剧”，有必要将环境产权化，经济学家戴尔斯在科斯定理的基础上，提出了排污权交易理论，将环境容量使用权作为排污权交易的对象，这种理论的基本思想是把排放污染物的权利向股票一样卖给最高的投标者。政府设定一个科学合理的排污总量指标，并给各个企业分配排污指标，在指标范围内，企业可以合法排放，即排污权。这是一项可以在市场上进行转让交易的权利，由此企业产生减排以转让权利获利的驱动。而需要更多排放的企业，则需要出资购买排放权利，这样一来就形成了基于环境治理水平而产生的优胜劣汰机制，治理污染水平较高的排污者都会努力采用减排措施以实现排污成本的降低，甚至获利。由此外部成本实现内部化，一方面，企业愿意投入更多资金用于环保减排的技术开发活动；另一方面，政府也可以利用出售排污权获得的收益来治理环境。

蒙哥马利进一步证明了排污权交易制度对污染控制的效率，基于市场机制的排污权交易制度相比传统的政府环境治理政策，更符合最低成本实现污染控制的目标，如果全社会范围内广泛施行排污权交易，可以大大降低传统的排放收费制度所带来的高成本支出。总之，排污权交易制度能有效控制任意排放行为，是发挥市场机制实现环境资源更优配置的有效政策工具。

《京都议定书》确定的碳交易机制将排污权交易制度进一步向国际化、专门化的方向推进，其通过设立碳排放交易机制，将全球减排纳入一个可交易的框架之下，使得国际社会可以通过经济手段实现总体排放量控制。但是不同意见也很尖锐。由于交易制度本身并不会减少排放，仅仅是各方从经济的角度出发，通过交易使排放从一地转向另一地。特别是发达国家或那些强势企业，通过向落后地区购买碳排放指标，仍然满足自身对排放的需求，实际并没有减少对地球环境的破坏。购买行为在表面上看是一种履行义务的行为，实际只是通过经济优势，使得排放变为合法化，并不能真正解决彻底治理、减少排放的问题。但是，随着对气候变化科学研究的深入，国际社会已经普遍认识到温室气体排放给人类社会带来的负面影响，碳排放交易制度可以作为有效促进减排的经济手段这一观点被各国接受。即使交易制度本身成为某些人牟利的工具，也不妨碍其客观上起到的积极作用，在一定程度上促使那些完全不考虑生态环境价值的国家和企业转变观念，调整产业结构和生产经营方式，为节能减排做出努力。

二、中国碳排放权交易制度的发展现状及现实困境

（一）中国碳排放权交易制度的发展现状

中国从 1989 年开始，通过实施排污许可证制度，确定了污染物总量控制的思想，并就许可排放的污染物种类、数量和去向作出规定。污染许可证制度明确了排污者在一定时间和范围内允许的最大排污量，由此，排污权成为一项可以进入市场交易的经济权利。1991 年开始，部分省、市陆续开展了排污权有偿使用和交易试点工作，江苏、浙江、天津、湖北、湖南、内蒙古、山西、重庆、陕西、河北 10 个省（自治区、直辖市）被列为国家排污权交易试点省份；此外，广东、山东、辽宁、黑龙江等十多个省份也在省内进行探索。2009 年 12 月，中国首个自愿减排标准——“熊猫标准”出台，标志着中国在全球碳交易领域中争夺话语权继而争夺定价权的开始。2011 年，国家碳排放交易试点工作会议确定北京、天津、上海、重庆、深圳 5 个城市以及广东、湖北两省作为首批碳排放交易试点省

市，开展碳排放交易制度构建工作，计划在这些省市测算地区碳排放总量目标，制定碳排放配额分配方案，并且建立地区碳排放权交易监管体系以及管理办法，孵化搭建交易平台。

截至2017年12月31日，七省市试点碳市场配额累计成交量为1.82亿吨，累计成交额超过36亿元，市场交易日趋活跃，规模逐步放大。其中，北京碳市场配额累计成交量2013万吨，累计成交额超过7亿元，分别占全国总量的11.03%与19.44%。配额累计成交量及成交额最高的是湖北，分别为5129万吨和10亿元，占全国总量的28.11%与27.37%。① 国家发展和改革委员会2016年10月开始启动配额分配工作，2017年一季度完成分配即可交易。全国统一碳市场开启后，配额总量将是7个试点2014年度配额总量的4倍，按现有的价格和换手率（约3%）估算，全国统一碳市场配额现货交易规模将达40亿元。衍生品市场交易规模大概是现货规模的50倍，以此推算国内碳交易衍生品市场规模有望达到2000亿元。② 2017年12月19日，国务院批准《全国碳排放交易市场建设方案（发电行业）》，标志着全国统一碳市场正式启动，碳排放权交易在中国进入一个新的阶段。

（二）中国碳排放权交易制度的现实困境

尽管中国的碳排放交易机制取得了比较快速的发展，20世纪80年代以来的排污权交易试点工作，也积累了不少可供借鉴的经验，但二者毕竟在交易标的上存在差异，二氧化碳排放与一般污染物排放相比，具有特殊性，碳排放权交易似乎属于一种特殊的排污权交易，但排污权交易的法律制度并不能当然、完整地适用于碳排放权

① 《北京碳市场年度报告·2017》，北极星大气网，http：//huanbao.bjx.com.cn/news/20180223/881590-3.shtml，最后访问2018年8月7日。

② 《中国碳排放交易市场规模分析》，中国碳排放交易网，http：//www.tanpaifang.com/tanguwen/2017/0117/58301.html，最后访问2018年8月7日。

交易。当前碳排放权交易制度还存在不少缺陷，具体包括：

1. 碳排放权的法律地位不明

目前国内法律、法规中没有明确认可碳排放权的法律地位，其法律属性也处不明状态。对碳排放权究竟是一种具有行政性的个人公权力，不具有可以自由转让的属性，还是属于具有财产权特征的私权利，尚存争议。这种缺乏法律规定的状态，使得企业通过节能获得的节余碳排放指标，不能作为一种权利受到法律保护，不能作为拥有碳排放权的所有权人，对碳排放权进行使用、收益和处分。而碳排放权交易的标的是企业节余的碳排放指标，交易标的的合法性决定了交易本身是否受到法律保护，是否能够顺利成功交易。只有法律确认了碳排放权的合法地位，碳排放权交易才能顺利进行，碳排放权转让的法律前提是权利归属清晰明确。否则标的之法律性质不明，甚至主体是否有处分权都不明确，即使签订合同，也会导致效力不确定，产生纠纷和交易秩序的混乱。《合同法》第 132 条规定：出卖的标的物，应当属于出卖人所有或者出卖人有权处分。法律、行政法规禁止或者限制转让的标的物，依照其规定。该法第 51 条进一步明确：无处分权的人处分他人财产，经权利人追认或者无处分权的人订立合同后取得处分权的，该合同有效。该条规定了无处分权人处分财产后，形成了合同效力待定的情形，需要由有处分权人来决定合同是否有效，否则处分行为无效。这一规定同样适用于碳排放权交易合同，碳排放交易合同要求转让人必须享有碳排放权，或者对碳排放权具有处分权。因此，从法律上确认碳排放权，是碳排放交易行为具有法律效力的前提。

2. 总量控制制度实施不明

《生态文明体制改革总体方案》《“十二五”规划〈纲要〉》和《“十二五”控制温室气体排放工作方案》等一系列规范性文件中都提出要大幅度降低单位国内生产总值二氧化碳排放，将“单位国内生产总值二氧化碳排放下降目标”作为约束性指标纳入国民经济和社会发展规划。在落实措施上，秉承了污染物控制的思路，采用目标分解和责任考核的办法降低碳排放强度。综合考虑各省（区、市）发展阶段、资源禀赋、战略定位、生态环保等因素，分类确定省级碳排放控制目标。① 省级政府从行政区划和行业两个层面分别再进行目标分解。但是，关于总量控制方案的目标分解和责任考核，缺乏具体的依据、步骤和法定程序，规范性得不到保证，因此也就不能保证最终结果的科学性和公平性。

3. 初始分配制度设计缺乏依据

目前关于碳排放权交易制度的设计，普遍的做法是大部分企业所需的排放量由政府实行免费配额制，小部分是有偿使用的配额，主要采用基准线法和历史排放法。企业节省下来的配额和企业需要有偿使用的配额成为碳排放权交易的标的。以广东省 2015 年碳排放配额分配实施方案为例，2015 年度配额实行部分免费发放和部分有偿发放，其中，电力企业的免费配额比例为 95%，钢铁、石化和水泥企业的免费配额比例为 97%。配额有偿发放以竞价形式发放，控排企业可自主决定是否购买，新建项目企业须在新建项目竣工验收前购足有偿配额。

但是，比例如何计算、是否科学合理缺乏实体和程序的监督。如何分配碳排放权涉及的各方利益，包括政府、可产生节余配额的企业和需要购买配额的企业。碳排放权的分配是行政主体通过行使行政权力实现的，体现为对碳排放行为的监督、管理和调控，政府地位和权责在很大程度上决定着初始分配各方权利主体的分配结果。但是目前关于分配方案如何制订，各地做法和政策不一，缺乏上位法的指引，政府分配权力和边界缺乏法律的制约。

---

① 《国民经济和社会发展"十三五"规划〈纲要〉》，载《中国政法大学学报》2018 年第 3 期（总第 65 期）。

三、中国碳排放权交易的法律规制进路

未来中国碳排放权交易的法律制度建设，应明确几个方面的内容，一是界定碳排放的法律属性；二是明确碳排放总量控制制度；三是完善碳排放权配额的初始分配机制。

第一，明确碳排放权的法律属性。中国的碳排放权交易制度的建设、市场交易机制的运行及监管都离不开对基本法律关系的确认和保护。此处的碳排放权，是作为一种财产性权利来探讨，① 区别于本文第三章关于碳排放权作为人权中的发展权定义，后者是国际法语境下就权利性质的考察，前者是基于国内法上对主体排放行为的限制。

关于碳排放权的法律属性的探讨，首先要界定碳排放权的边界，碳排放权并非一项任意向大气排放二氧化碳的权利，而是在法律规定的指标数量范围内，适度向自然环境排放温室气体的权利。我们赞同在国内法上将碳排放权作为一项私权利，纳入财产权的范畴，权利主体是单位和个人。明确碳排放权的法律地位，实际是赋予单位和个人合理利用环境容量（大气环境中的温室气体容量）的权利，这是满足单位和个人生存发展需要的必要权利，应通过法定程序予以认可。当前中国的碳排放权交易试点已经经过了实践的检验，基于现有《物权法》关于权利的规定，结合环境法中关于环境管理的规定、合同法中对权利处分合法性要件的设计，碳排放权应指碳排放所有权，碳排放权可以依法占有、使用、收益和处分。其原始取得是国家配给，并且这种取得需要在主体明晰的前提下，稳定、安全地取得，取得后可转让。碳排放权也可以通过交易行为继受取得，

① 关于碳排放权的法律性质，学术界存在不同的看法，主要包括：环境容量利用权、准物权、新型财产权、行政规制权、发展权等。但不论何种定性，对碳排放权利人的利益保护终归是一种经济利益的保护。

不论通过何种途径取得，都应有一个在行政主管机关登记备案的程序。此外，可以取得碳排放权的主体资格应当明确；碳排放权应当有数量和时间的概念，能够用碳排放量计量和拆分。

第二，确立科学合理的碳排放总量控制制度。碳排放权交易的两大基础：一是总量控制，二是初始分配。两者共同影响着碳排放权利的稀缺性和可交易性。确定碳排放总量是碳排放权交易制度施行的基础和前提，碳排放总量设定直接关系着碳排放权交易的实施效果。如果碳排放总量设定过高，企业可以分配到更多的免费配额，企业的排放成本降低，减排压力较少，需要购买的配额也少，碳排放权交易市场难以繁荣，对大气环境的保护力度也降低，还可能面临巨大国际社会的减排压力。例如，欧盟之前的减排方案就是发放了超量的配额，导致很多企业缺乏减排的动力。反过来，如果碳排放总量设定过少，企业分配到的免费配额太少，会导致企业生产成本过高乃至难以生存，对生产产生抑制作用，不利于整体社会经济的发展，影响经济发展的增速。因此，合理的碳排放总量设定是十分必要的，既要考虑到经济发展的需要，也要兼顾环境保护和国际气候合作的要求。

在制度推行过程中，可以从区域入手，以低碳试点、碳排放权交易试点、优化开发地区为先行先试的突破口，探索建立地区碳排放总量控制与分解落实机制，为建立全国碳排放总量控制及分解落实机制积累经验。同时，应在碳排放强度目标的基础上，合理确定覆盖全国各地区及主要部门与行业的碳排放总量控制目标，并作为约束性指标纳入生态文明建设目标体系和国民经济社会发展规划。

第三，确立科学合理的碳排放权配额的初始分配机制。碳排放权的初始分配是指环境管理部门首先确定碳排放的总量，再根据各碳排放源的排放状况结合经济、技术方面的可行性，经碳排放主体的申请，核准碳排放主体的允许排放量，按照一定的方式授予申请主体碳排放权。

目前，在已有的碳排放权交易试点省市的碳排放初始分配主要采取政府无偿分配为主，公开交易为辅的方式。由于企业的基本生存需要，在现阶段，无偿分配使企业获得基础的碳排放权无须支付费用，符合我国相对落后生产力发展的需要。美国《1990年清洁空气法》修正案中，经过激烈的争论，也采取了以免费分配碳排放权为主的方式。而欧盟的碳排放权交易制度在第一阶段的分配方式也基本是免费的。公开交易的方式又包括定价和拍卖两种方式，将碳排放权作为稀缺的“有价资源”，是交易的理论基础，也就意味着使用有限的环境容量需要支付一定的对价，如果碳排放权可以无偿获得，在市场机制下，就意味着部分市场主体无偿获得了具有稀缺性的环境容量使用权，这也是无偿获得了财富，碳排放总量控制决定了行政权力对资源配置的原始安排，如果没有与之配套的公平合理的碳排放权分配制度，势必造成市场竞争的不平等，因此，公开交易的方式获得碳排放权也是使得企业有机会在公平竞争的环境下获得公平的发展机会。在定价和拍卖两种方式的比较上，我们认为，根据不同地区和行业发展需求的不同，两种方式各有利弊，拍卖更有利于刺激市场竞争环境下主体的减排积极性，减排节余的碳排放权可以根据市场需求实现与价值相匹配的价格，使其接近节能减排治理的边际成本；而定价更能在市场机制没有充分建立的条件下实现高效便捷的碳排放权有偿使用，同时发挥指引企业积极减排的功能。

综上，当前我国碳排放权的初始分配应当在公平原则下尽快完善多种分配方式，既要与当前中国的经济结构和生产力发展水平相适应，又要兼顾环境保护和资源可持续利用。可以借鉴美国和欧盟的做法，将配额免费供给和有偿购买相结合。但是，具体的分配比例，应当有严格的程序和谨慎的计算方式，应明确碳排放权分配的测算机关和监督管理职责。当前我国环境管理存在诸多问题，政府信息收集不全面、不对称、不透明，治理水平低下，发放配额的方案如何制订，需要有一整套规范措施加以保障，以免造成环境资源分配的不公平和行政权力的寻租，使企业在市场竞争中受到不公对待，影响分配正义。鉴于碳排放权分配制度的重要性和实施方案利益衡平中的艰难，我们应当将程序和实体放到同等重要的地位，遵循公平、公正、透明、民主和效率的原则，综合制订适合我国现阶段发展需求的多层次分配方案，并预留空间以备发展需要的适时调整。

第三节　调整与完善：外商投资环境准入制度

20 世纪 90 年代以来，中国成为世界上外商直接投资（FDI）流入量最大的发展中国家。这一现象在国际学术领域引起了广泛的关注，国内外学者也做了大量的研究。其中一些研究对中国制定引资政策起到了导向性的作用。如果说吸收和引进外资仍然是我国今后利用全球资本的一个途径的话，那么在低碳经济发展要求下，如何调整与完善中国的外资准入制度已成为一个涉及战略选择、立法思路、政策调整以及引资实践的综合性问题。①

为此，我国今后一段时期利用外资的政策，特别是制造业利用外资的政策需要做出进一步的调整。

一、外商投资环境准入制度的理论意义

环境准入制度属于市场准入制度的一种，同时也是重要的环境管理制度，是从源头预防、控制污染，避免生态破坏的第一道防线。中国正处于工业化和城市化水平持续快速提升阶段，开放型经济发展模式还将持续，在转变发展模式与吸引外资的关系问题上，不难发现，各类碳密集产业不断流入中国，其中最主要的形式是通过外

---

① 姜明、蔡守秋：《博帕尔案的不方便法院原则研究——兼谈跨国公司环境法律责任问题》，载《华中科技大学学报（社会科学版）》2009 年第 4 期。

国直接投资，在中国建立工厂直接生产。

外资准入作为国际投资法的重要制度，是一国行使国家主权，管理本国事务的重要措施，国际社会对此已有共识，在各国立法、双边投资条约、与投资有关的多边条约或指南中都获得普遍认可。1974 年《建立新的国际经济秩序宣言》中就提出：“各国有权按照其法律和规章并依照其国家目标和优先次序，对在其国家管辖范围内的外国投资加以管理和行使权力”。在外商来华投资问题上，首先有一个投资准入问题，这实际又可细分为两个问题，一是是否准许进入，二是怎样进入。前一个问题如果答案是否定的，不会带来环境问题，但如果是准许进入，就将引起第二个问题——怎样进入，即涉及投资待遇问题，投资准入是指是否允许外资进入的问题，又被称为“准入权”（Rights of admission），广义上的投资准入不仅包括“准入权”问题，还包括外国投资者是否拥有在东道国进行设业的权利，即“设业权”（Rights of establishment）问题。两者的区别在于后者包括的不仅是外国投资者进入东道国的权利，而且还包括外国投资者在东道国设立代表处、分支机构、子公司等的权利。前者可能只是允许外国投资者进入东道国从事临时性的商业活动，而后者则不仅允许外国投资者在东道国从事商业活动，而且允许外国投资者设立各种类型的永久性的商业存在。据本国的国内法以及有关国际条约的规定来确定具体的投资待遇标准。因此，对外资准入问题的考察，首先应从国家经济主权原则出发，并以此作为逻辑起点。无论是发展中国家还是发达国家，都有权根据国家经济主权原则，对外国投资活动进行法律管制。

中国的外资准入制度，是指对欲进入中国市场的外商投资主体资格、投资领域、投资项目、投资目标等事项进行审核和批准的法律制度。这种法律制度的核心并不在于限制外资的进入，而是保证外资进入必须符合中国国民经济发展与经济政策的要求。外商投资环境准入制度属于外资法体系中的外商投资市场准入制度，既是中国外资法体系的一部分，也属于环境资源法的组成部分，是为了保护国家生态环境和资源安全、预防外商投资过程中污染转移的发生、力求使外资进入符合我国可持续发展的目标要求的法律制度。环境准入制度在外资市场准入制度中一度处于空白状态，随着对外资的利用和依赖程度越来越高，一些外资企业进入中国，除了带来先进的技术和管理模式，也将高污染、高能耗的行业或生产环节转移到了中国，在推动经济高速发展的同时，也给资源与环境带来了空前的压力。在这样的背景下，环境准入制度从起步到不断发展、调整和完善，力求在现有国际经济秩序的框架之内，运用法律的手段，在保护外来投资的同时维护国家环境资源的安全。

二、外商投资环境准入制度的发展现状

在引进外资的实践中，中国的环境准入制度的建设经历了从无到有、从稚嫩到日臻完善的过程。具体说来，可以分为以下几个方面：

（一）外资法中关于环境准入的相关规定

中国的外资法起步于改革开放之后，为了使外国投资者来华投资获得确信无疑的法律保护，1979 年《中外合资经营企业法》出台，标志着中国的外资法律制度从无到有，完成了立法的起步阶段，在外资法建立之初，并没有对外资进入提出相关的环境准入门槛，几乎是敞开大门放任污染转移入境。

此后，伴随着三大外资法的配套实施条例相继出台，关于环境准入的限制性规定开始出现，表明国家对外商投资进入中国后的一些问题是有所发现并有所考虑的，《中外合资经营企业法实施条例》第 5 条规定了申请设立合营企业造成环境污染的，不予批准。尽管这样的规定还比较简单，对于在前置审批程序中如何落实是否存在污染的问题还缺乏细致的考虑，但已经体现了防范外资通过投资的形式将污染转嫁到中国的思想，弥足珍贵。从时间上来看，对这一

问题的认识甚至早于国内环境保护的立法。① 这也直接引领了之后关于不予批准设立三资企业的规定。

1995年，《指导外商投资方向暂行规定》和《外商投资产业指导目录》发布，这两个法规对外资准入领域和条件作了明确规定，把外商投资项目划分为鼓励类、允许类、限制类、禁止类四类。较之以往规定，上述两个法规拓宽了外商投资领域，但也对可能造成环境污染或资源损害的行业进入作出限制或禁止性规定。从2000年开始，为适应WTO的规则要求，中国开始了对外资法的新一轮调整和修订，增加了环境保护的要求，同时也废除了与WTO相冲突的许多规定。一系列修法工作主要还是围绕着对可能造成环境污染的行业进入的禁止性规定。

（二）环境法中关于环境准入制度的相关规定

1989年《环境保护法》的颁布，标志着中国的环境保护法律制度进入了一个新的发展阶段，其中第34条规定："任何单位不得将产生严重污染的生产设备转移给没有污染防治能力的单位使用"。这一规定在后来的相关制度建设中得到了贯彻：同年，国务院在《关于当前产业政策要点的决定》中强调，我国严格控制从国外引进严重污染环境又难以治理的原材料、产品、工艺设备，防止国外污染源向我国转移。国家环保局和对外经贸部于1992年3月14日联合发出《关于加强外商投资建设项目环境保护管理的通知》指出：在我国设立的外商投资企业……应符合国家环境保护技术政策和有关要求。严格控制从国外引进严重污染环境又难以治理的原材料、产品、工艺和设备，防止国外污染源向我国转移。并进一步就外商投资建设项目的环境影响评价要求作出比较全面、细致的规定，不失

① 姜明：《中国外商投资环境准入制度的发展与完善》，载《环境保护》2012年Z1期。

为规范中国环境准入中环境影响评价制度的一种有益的探索。当然，之后《环境影响评价法》出台才使得中国环境影响评价制度进入新的里程碑，也为外商投资审批中的环境影响评价环节提供了更明确的法律依据。2015 年通过的新《环境保护法》，进一步完善了环境准入的相关规定，除了明确强调“预防为主”“生态保护优先”等原则，第 46 条第 1 款还规定：“国家对严重污染环境的工艺、设备和产品实行淘汰制度。任何单位和个人不得生产、销售或者转移、使用严重污染环境的工艺、设备和产品。”此外，对于企业的环境信息公开、违法排放责任等都作出了严格的规定。

（三）环境标准制度

中国的环境标准制度起步较晚，改革开放以后，发达国家向中国转移有害废物的事件频频发生，1995 年，国务院办公厅发出《关于坚决控制境外废物向我国转移的紧急通知》，重申了中国政府“决不允许把我国作为发达国家和地区倾倒、堆放有害废物的场所”的立场，要求国家环保局“抓紧制定并公布执行进口废物的具体管理办法”。在这样的背景下，1996 年，国家环保总局颁布试行了一系列进口废物环境保护控制标准，包括废五金电器、废塑料和纺织物废品等在内共计 12 类。为环境准入制度的完善提供了技术上的保障。到 2010 年，我国累计已颁布各类国家级环境标准 1397 项。2017 年，“十三五”期间，为了贯彻落实《国家环境保护标准“十三五”发展规划》，环保部高级官员表示：将加快制订、修订一批环保领域的关键标准，抬高环境准入门槛，倒逼产业升级和结构优化。①

当前我国的环境标准本身不是直接的环境法律制度，是否能作为环境准入制度的组成部分？我们认为应当可以。尽管关于环境标

① 《“十三五”将出台千项环保标准 抬高环境准入门槛》，载《上海证券报》2017 年 5 月 25 日。

准的法律性质学界还存在不同的看法，但是其作为衡量环境质量的技术指标，一旦与有关环境标准的法律规范结合，便具有了执行的法律强制力，可以与法律规范一起共同形成环境法律体系的一个有机组成部分。一经环境保护行政主管部门决定，是否符合环境标准要求就成为判断行为人是否应当承担环境行政责任的依据。例如，当前我国的《大气污染防治法》规定：向大气排放污染物超过国家和地方规定排放标准的，应当限期治理，并由所在地县级以上地方人民政府环境保护行政主管部处 1 万元以上 10 万元以下罚款。

三、环境准入制度与 WTO 规则的协调

WTO 协定涵盖货物贸易、服务贸易以及知识产权贸易。外国投资者进入东道国，首先要面临的问题就是作为投资者的待遇标准问题。中国在加入 WTO 以后，给予外国投资者的待遇也要遵循 WTO 的基本原则，其中，国民待遇原则是 WTO 成员国之间协调利害关系的基本原则之一，适用范围最广，且与外商投资中的东道国环境准入规则联系最为紧密。国民待遇制度先后有三种表现形式，即无条件国民待遇、互惠国民待遇和特定国民待遇。从目前的实践来看，无条件的国民待遇已不复存在，互惠的国民待遇则受到普遍的接受，一般来说，各个国家都会从各自的国家利益出发，在给予外国人以国民待遇时都附加一定的限制，并非给予外国人与本国人在一切方面都完全相同的待遇。

在 WTO 的国民待遇规则中，涉及环境准入的问题常常以“环境例外”（Environmental Exception）的形式出现。基于环境保护采取的有关贸易的管理措施，只要符合 WTO 有关协定规定的条件，可以不受 WTO 基本规则义务的约束，关于这个问题，前面的章节也有分析，这里不再赘述。和 GATT 下的国民待遇一样，《与贸易有关的投资措施协议》（以下简称 TRIMs 协议）的国民待遇条款也规定了成员国在履行义务时可享有的例外。首先，TRIMs 协议第 3 条允许

《GATT 1994》规定“WTO 项下的所有例外，均酌情适用于本协定的规定。”这就意味着包括环境例外在内的一般例外和安全例外，都可适用于投资管理。国际投资对环境具有重大影响，因此，各国有权为了环境保护而对国际投资采取必要的限制措施，因而 WTO 成员可援引有关国民待遇、取消数量限制的例外，或是一般例外、安全例外等规定来实施 TRIMs 所禁止的措施。其次，发展中国家可根据《GATT 1994》第 18 条、《关于 1994 年关税与贸易总协定国际收支条款的谅解》和《关于为国际收支目的采取贸易措施的宣言》的相关规定而暂时背离 TRIMs 协议第 2 条义务。可见即使加入 TRIMs 协议，也并不意味着东道国必须给予外国投资完全的国民待遇。正是由于 TRIMs 协议的这些灵活性规定，使得该协议更易为经济发展水平不同的各类国家所接受。客观上也有利于在更大范围内为跨国公司的全球投资扫清障碍。因此，国民待遇尽管是外国投资者待遇的一项基本原则，但并不是无条件的，在涉及各国的环境保护问题时，仍然可以有“例外”的规定。

现行的外资法对外资待遇的规定表现为一定范围的国民待遇、差别待遇和优惠待遇三个方面：在国家规定的范围内，我国给予外资国民待遇，如司法行政的救济、某些财产权的保护等方面。差别待遇主要体现在限制和禁止外商投资领域，对此《外资企业法》及《外资企业法实施条例》都有原则性的规定，在《外商投资产业指导目录》中具体规定了国家鼓励、限制和禁止外资投资的行业。总体来说，对外资进入中国的投资经营行为是要遵守中国相关的法律法规，并且受一定约束的。优惠待遇主要体现在税收优惠上，如所得税减免、利润再投资退税、关税减免等，在地方税方面，各地区基本对外资免征地方所得税。对其他相关费用外资也可享有优惠，如土地使用费、场地开发费、城市建设费、教育费附加等。约束则包括了对环境保护的要求。

2012 年 4 月，商务部印发的《对外贸易发展“十二五”规划》

（以下简称《规划》），是中国对外经济发展史上的第一个关于对外贸易的专项五年规划，《规划》指出，随着我国产业升级和其他发展中国家承接国际产业转移，我国与发达国家在技术和资本密集型产业开始正面竞争，与发展中国家在传统劳动密集型产业竞争加剧。未来中国外贸发展的主要任务之一，是要提高劳动密集型产品出口质量、档次和附加值。控制高耗能、高污染和资源性产品出口。

总之，中国在入世后，一方面，积极履行 WTO 框架下的各项承诺，修改完善各项配套法律法规，外国投资者在设立阶段的相关待遇规则日臻完善；另一方面，国家也重视从环境保护、优化产业结构出发，对一些可能造成污染的产业设立进行限制乃至禁止，在国家产业政策制定方面，也有对环境保护的倾斜措施，这些限制和引导，与 WTO 框架下的国民待遇规则并不矛盾。

四、环境准入制度的完善路径

环境准入制度的完善是一项复杂的系统工程，可以从国内法和国际法两个层面来考虑。

国内法方面，环境准入制度的科学设计要从资源合理利用和污染预防两方面考虑，这不仅是一个经济问题，也是环境科学问题。从资源利用的角度出发，环境准入制度应在土地利用和城镇规划之前进行考虑，在考虑外资的环境准入时，又应以行业发展建设为重点，如产业政策、产业布局、产业优化等经济建设内容，而环境法律制度如何配套建设，更是需要对经济和环境容量加以核算，对可行性与合理性进行综合考察。从污染预防的角度出发，外资和内资的标准应一致，符合国民待遇原则，涉及从污染防治、总量控制到生产工艺、技术装备、清洁生产等专业技术内容。

国际法方面，关于外资待遇的规定需要注意两个方面的问题，一是对外资的各项待遇涉及将从通常意义上的运营阶段，扩展到准入阶段，涵盖投资活动的全过程。这就需要我们认真考虑基于履行对 WTO 承诺的外资准入待遇与中国外资投资范围限制的协调问题。在此基础上，进一步考虑未来在对外资国民待遇的限制设定时，如何处理好对本国环境和资源的保护与外资待遇的问题，笔者认为，东道国基于对国家环境与资源安全的考虑是合理的，适当的保护环境的措施不会构成 WTO 中的不合理的差别待遇。在涉及外资准入、公共秩序、关联国家、税收优惠、投资部门等方面时，应对外资有环境方面的要求，包括环境标准的适用，投资领域的审批和环境税收等方面都应规定例外情形。

总之，在协调吸引外资与做好环境资源保护的关系问题上，要坚持生态优先的原则，不能因为短期的经济利益需求而放弃可持续发展的长远目标，不能剥夺子孙后代发展的权利①，在进行各类项目的引进和审批工作中，要严格按照法律规定的程序和标准进行，在做好吸引外资工作的同时保护好国家的环境和资源。未来中国在处理外资准入问题时，要注意协调好本国法与国际法之间的关系以及本国政策与国际承诺履行之间的关系。以环境保护为目的的限制性条款要注意合理性依据的援引，外资进入固然离不开本国的产业结构调整和依托技术进步带来的产业升级，但是准入门槛也应有环保目的的考虑。此外，国民待遇尚未在国际投资法领域成为一项普遍原则，不应将国民待遇等同于国际惯例。作为发展中国家，中国国内产业的竞争力较弱，在外资进入的领域，要注重本国的环境和资源利益的保护，对一些涉及国家环境与资源安全的领域，应十分谨慎。② 在签订双边或多边协定时，应坚持实施国民待遇的领域和部门只局限于中国已作出承诺的领域和部门，不能任意作扩充性解释。

---

① 姜明、蔡守秋：《论可持续发展视野下的环境教育立法》，载《中州学刊》2009 年第 4 期。

② 姜明、李芳瑾：《在华跨国公司破产其环境侵权债权人如何保护》，载《环境保护》2010 年第 10 期。

参考文献

一、中文著作与论文

沈宗灵：《法理学研究》，上海人民出版社 1989 年版。

孙国华：《法理学》，法律出版社 1995 年版。

张文显：《法理学》，高等教育出版社·北京大学出版社 1999 年版。

杨泽伟：《发达国家新能源法律与政策研究》，武汉大学出版社 2011 年版。

张红：《海关法》，对外经济贸易大学出版社 2002 年版。

唐双娥：《环境法风险防范原则研究：法律与科学的对话》，高等教育出版社 2003 年版。

边永民：《国际贸易规则与环境措施的法律研究》，机械工业出版社 2005 年版。

吴健：《排污权交易—环境容量管理制度创新》，中国人民大学出版社 2005 年版。

国家发展委能源研究所课题组：《中国 2050 年低碳之路：能源需求暨碳排放情景分析》，科学出版社 2009 年版。

韩良：《国际温室气体排放权交易法律问题研究》，中国法制出版社 2009 年版。

周旺生主编：《法理学》，西安交通大学出版 2006 年版。

蒋浩：《正义名义下的利益考量—诉讼时效制度研究》，贵州人民出版社 2011 年版。

《马克思恩格斯选集（第 1 卷）》，人民出版社 1995 年版。

[美] 庞德：《通过法律的社会控制——法律的任务》，沈宗灵等译，商务印书馆 1984 年版。

[法] 霍尔巴赫：《自然的体系》，管士滨译，商务印书馆 1964 年版。

[德] 康德：《法的形而上学原理》，商务印书馆 1991 年版。

[古希腊] 亚里士多德：《政治学》，商务印书馆 1965 年版。

[古希腊] 亚里士多德：《尼各马科伦理学》，商务印书馆 2003 年版。

[意] 米拉格利亚：《比较法哲学》，商务印书馆 1940 年版。

[美] 彼得·温茨：《环境正义论》，朱丹琼、宋玉波译，上海人民出版社 2007 年版.

[美] 约翰·罗尔斯：《正义论》，何怀宏等译，中国社会科学出版社 2003 年版。

[美] 博登海默：《法理学：法律哲学与法律方法》，邓正来译，中国政法大学出版社 2001 年版。

[英] 霍布斯：《利维坦》，商务印书馆 1985 年版。

[英] 亚当·斯密：《国民财富的性质和原因的研究（上卷）》，郭大力，王亚南译，商务印书馆 1972 年版。

[德] 马克思：《资本论（第 1 卷）》，人民出版社 2004 年版。

[英] 霍布斯：《利维坦》，商务印书馆 1985 年版。

[美] 约翰 . H. 杰克逊：《世界贸易体制——国际经济关系的法律与政策》，张乃根译，复旦大学出版社 2001 年版。

[美] 迈克·尔福尔，麦金·皮斯特：《气候变化与欧洲排放交易理论与实践》，鞠美庭等译，化学工业出版社 2011 年版。

[挪] A. 艾德、[挪] C. 克洛斯、[挪] A. 罗萨斯主编：《经济、社会和文化权利教程》（修订第 2 版），四川人民出版社 2004

年版。

［英］尼尔·麦考密克等：《制度法论》，周叶谦译，中国政法大学出版社 1994 年版。

［德］马克斯·韦伯：《法律社会学》，康乐等译，广西师范大学出版社 2005 年版。

张为付等：《低碳经济与我国国际分工战略的调整》，商务印书馆 2015 年版。

陈文：《21 世纪生态保护立法趋向研究》，黑龙江大学出版社 2015 年版。

王绍武、罗勇、赵宗慈等：《关于气候变暖的争议》，载《自然科学进展》2005 年第 8 期。

刘作翔：《权利冲突的几个理论问题》，载《中国法学》2002 年第 2 期。

别涛、熊英：《国际贸易中的"环境例外"措施》，载《中国法学》2004 年第 4 期。

王明远：《论碳排放权的准物权和发展权属性》，载《中国法学》2010 年第 6 期。

马俊驹、龚向前：《论能源法的变革》，载《中国法学》2007 年第 3 期。

汪习根、涂少彬：《发展权的后现代法学解读》，载《法制与社会发展》2005 年第 6 期。

柯坚：《论污染者负担原则的嬗变》，载《法学评论》2010 年 6 期。

常纪文：《二氧化碳的排放控制与〈大气污染防治法〉的修订》，载《法学杂志》2009 年第 5 期。

［德］乌尔里希·贝克：《气候变化：如何创造一种绿色现代性》，温敏译，载《马克思主义与现实》2009 年第 5 期。

于贵瑞：《〈联合国气候变化框架公约〉判中的焦点问题》，载

《资源科学》2001 年第 6 期。

［德］菲利·黑克：《利益法学》，傅广宇译，载《比较法研究》2006 年第 6 期。

齐绍洲、程思：《美国电力行业碳市场建设的主要经验借鉴》，载《电力决策与舆情参考》2017 年第 47 期。

徐静琳、刘力铭：《地方性法规与政府规章关系论》，载《政治与法律》2008 年第 1 期。

秦昌才、黄泽湘：《碳排放责任模式的理论与实践》，载《财经科学》2012 年第 7 期。

林伯强、李爱军：《碳关税对发展中国家的影响》，载《金融研究》2010 年第 12 期。

徐玉高、吴宗鑫：《国际间碳转移：国际贸易和国际投资》，载《世界环境》1998 年第 1 期。

宋德勇、易艳春：《外商直接投资与中国碳排放》，载《中国人口资源与环境》2011 年第 21 卷第 1 期 。

魏本勇等：《国际贸易中的隐含碳排放研究综述》，载《世界地理研究》2010 年第 2 期。

饶蕾、王汨娟：《欧盟能源密集型行业怎样遏制碳泄漏》，载《环境保护》2011 年第 4 期。

马述忠、黄东升：《基于 MRIO 模型的碳足迹跨国比较研究》，载《浙江大学学报（人文社会科学版）》2011 年第 4 期。

马述忠、陈颖：《进出口贸易对中国隐含碳排放量的影响：2000—2009 年——基于国内消费视角的单区域投入产出模型分析》，载《财贸经济》2010 年第 12 期 。

赵玉焕等：《中国 欧盟碳泄漏问题实证研究》，载《中国人口资源与环境》2011 年 第 8 期。

孙法柏：《环境保护与 WTO 自由贸易规则之冲突及其消解》，载《云南大学学报（法学版）》2005 年第 4 期。

王鑫、陈迎：《碳关税问题刍议——基于欧盟案例的分析》，载《欧洲研究》2010 年第 6 期。

任志成、马志娟：《论当代国际分工格局中发展中国家的分工利益》，载《国际贸易问题》2004 年第 6 期。

于飞天：《碳排放权的产权分析》，载《东北农业大学学报（社会科学版）》2007 年第 2 期。

蔡守秋、张建伟：《论排污权交易的法律问题》，载《河南大学学报（社会科学版）》2003 年第 5 期。

王谋等：《美国清洁能源与安全法案的影响及意义》，载《气候变化研究进展》2010 年第 4 期。

周琪：《奥巴马政府的气候变化政策动向》，载《国际经济评论》2009 年第 3 期。

杨翠柏、黄云松：《浅析印度应对气候变化的政策》，载《南亚研究》2010 年第 1 期。

李晓玲、陈雨松：《“碳关税”与 WTO 规则相符性研究》，载《国际经济合作》2010 年第 3 期。

黄文旭：《碳关税相关概念辨析》，载《岭南学刊》2011 年第 1 期。

陈泽勇：《碳标签在全球的发展》，载《信息技术与标准化》2010 年第 11 期。

李平、李淑云、沈得芳：《碳关税问题研究：背景、征收标准及应对措施》，载《国际金融研究》2010 年第 9 期。

宋俊荣：《〈京都议定书〉框架下的碳排放贸易与 WTO》，载《前沿》2013 年 13 期。

白泉旺等：《我国对外贸易政策与环境政策的协调——基于世贸组织规则的研究》，载《国际贸易问题》2007 年第 9 期 .

钟筱红、谢新明、刘英生：《与产品不相关的单边 PPM 环境贸易措施及中国的对策——在 WTO 框架下》，载《江西社会科学》

2010年第4期。

鲍勤等：《美国征收碳关税对中国的影响：基于可计算一般均衡模型的分析》，载《管理评论》2010年第6期。

陈洁民：《碳标签：国际贸易中的新热点》，载《对外经济实务》2010年第2期。

尹忠民、胡剑波：《国际贸易中的新课题——碳标签与中国的对策》，载《经济学家》2011年第7期。

孟国碧：《国家管理外资准入的权利：晚近发展及启示》，载《经济师》2005年第7期。

黄文旭：《国际法视野下的碳关税问题研究》，2011年华中政法大学博士论文。

郝海青：《欧美碳排放权交易法律制度研究——兼论我国碳排放权交易制度的构建》，2012年中国海洋大学博士论文。

赵宗慈，王绍武：《从 IPCC AR4 得到的启示》，载《中国气象报》2009年9月15日。

赵行姝：《"碳关税"干扰气候变化合作》，载《人民日报》2009年7月31日。

熊焰：《碳标签的挑战与机遇》，载《21世纪经济报道》2010年11月10日。

胡迟：《排污权交易的最新发展及我国的对策》，载《中国经济时报》2007年2月27日。

杜娟：《全国人大环资委调研室副主任翟勇表示不赞同应对气候变化写入大气污染防治法》，载《法制日报》2009年12月12日。

卢宁：《论排污权交易在中国实施的可行性》，《适应市场机制的环境法制建设问题研究——2002年中国环境资源法学研讨会论文集》（上册）2002年。

邓剑波、陈彬：《我国外资准入中的污染转移问题研究》，载《中国环境资源法学研究会论文集》2005年。

姜明、李芳瑾：《农村环保管理体制的创新对策》，载《环境保护》2010 年第 6 期。

姜明、谭飞燕：《关于完善我国防治荒漠化法律制度的思考》，载《中国沙漠》2009 年第 3 期。

二、英文著作与论文

Ahmad N. & Wyckoff A., Carbon dioxide emissions embodied in international trade of goods, *Technology and Industry*, STI working paper 15, 2003.

Barry R. G., Mikael R., & Arthur D. G., State competition as a source driving climate change mitigation, *New York University Environmental Law Journal*, 2005, 14 (1).

Dales J. H., Pollution, property and prices. *University of Toronto press*, 1968.

Damien D. & Philippe Q., CO_2 abatement, competitiveness and leakage in the European cement industry under the eu ets: grandfathering versus output – based allocation, *Climate Policy*, 2006, 6: (1), 95.

Damien D. & Philippe Q., European emission trading scheme and competitiveness: a case study on the iron and steel industry, *Energy Economics*, 2008, 30: 2009 – 2027.

Daniel A. F., Carbon leakage versus policy diffusion: the perils and promise of subglobal climate action, *Chicago Journal of International Law*, 2013, 13 (2).

Ernst W., Lynn P., Nathan M., et al., Energy intensity in the iron and steel industry: acomparison of physical and economic indicators. *Energy Policy*, 1997, 25 (7 – 9).

European Confederation of Iron and Steel Industries, Manifesto of the European Steel Industry – for the European Commission 2010 – 2014,

Brussels, 2009.

Gary V., Climate change 2007: the physical science basis. *Energy & Environment*, 2007, 18 (3): 433 -440.

GATT, Dispute Settlement Panel Report on United States Restriction Imports of Tuna, *GATT B. I. S. D.* (39*th Supp.*), 1991.

George W. M., Global free trade vis - à - vis environmental regulation and sustainable development: reinvigorating efforts towards a more integrated approach, *Journal of Environmental Law and Litigation*, 1999 (14): 436.

Gordon C., Design recommendations for the WCI regional Cap - and - Trade Program, Western Regional Climate Action Initiative Agreement, 2008, 23 (9).

Hakan N. & Scott V., Trade and environment, *Geneva*: *WTO Publications*, 1999.

Werner A., The pollution terms of trade, *Economic Systems Research*, 1996, 8 (6).

IPCC., Climate change 2001: mitigation working group III. IPCC 3rd Assessment Report, 2001.

Jean - Pierre P. & Neil W., EU emissions trading and the cement sector: a spatial competition analysis, *Climate Policy*, 2008, 8 (5).

Joao R. & Tiago D., Consumer and producer environmental responsibility: two approaches, *Ecological Economies*, 2008.

John O. M. & Mark L. M., The world trade constitution, *Harvard Law Review*, Vol. 114, No. 2, 2000.

Joshua E., Ian F., & Sam K. et al, Unilateral carbon taxes, border tax adjustments, and carbon leakage, *University of Chicago Institute for Law and Economics Working Paper* 600, Feb 2012.

Lecchumanan R. & Kodama F., Reconciling the conflict between the "pollution - haven" hypothesis and an emerging trajectory of international technology transfer, *Research Policy*, 2000, 29 (1).

Lars M. & Ottar M. , climate policy and the steel industry : achieving global emissi ons reductions by an incomplete climate agreement, *Energy Journal* , 2004 , 25 (4).

Luiz P. R. & Mauricio T. T. , Analytical model to compare energy efficiency indexes and CO_2 emissions in developed and developing countries, *Energy Policy*, 1993, 21 (3).

Markusen J. R. , International externalities and optimal tax structures, *Journal of International Economics*, 1975 (5).

McIntyre S. & McKitrick R. , Corrections to the Mann et al. (1998), proxy data base and Northern Hemispheric average temperature series, *Energy and Environment*, 2003, .

Michael H. , Can carbon based import tariffs effectively reduce carbon emissions. *Kiel Working Paper*, 2009.

McKibbin, W. J. , Morris A. & Wilcoxen P. , Achieving comparable effort rough carbon price agreements, The Harvard Project on International Climate Agreement, *Belfer Center Cambridge*, *M. A.* , *Kennedy School*, *Harvard University*, 2009.

Milgrom P. , Putting Auction Theory to Work, *Cambridge University Press*, 2004.

Nash J. R. , Too much market? Conflict between tradable pollution allowances and the "polluter pays principle", *Harvard Environmental Law Review*, 2009.

OECD, Recommendation of the council on the implementation of the polluter - pays principle, International Legal Materials, 1975, 14 (1).

OECD, Extended Producer Responsibility: A Guidance Manual for Governments. Paris, France, 2001.

Paul - Erik V. , Carbon tariffs and the WTO: an evaluation of feasible policies, *Journal of International Economic Law*, 2009, 12 (3).

Patrick J. , Bicoastal carbon trading: California and RGGI markets mapped out, *Evolution Markets Executive Brief*, 2006, 29.

Paul - Erik V. , Carbon Tariffs and The WTO: An Evaluation of Feasible Policies, *Journal of International Economic Law*, 2009, 12.

Peters G. , Reassessing carbon leakage, *Future of Global Economy*, 2008, 6.

Nlan D. & Harris H. , UN framework convention on climate change, *international Business Lawyer*, 1997.

Reinaud J. , Issues behind competitiveness and carbon leakage: focus on heavy industry, *IEA Report*, Paris, 2008.

Reinhard Q. , Border tax adjustment to combat carbon leakage: a myth, *Global Trade and Customs Journal*, 2009, 4 (11/12).

Soon W. , Baliunas S. , Idso C. , et al. , Reconstructing climatic and environmental changes of the past 1000 yesrs: Peapptaisal, *Energy and Environment*, 2003, 14 (3).

Singer S. F. , Human contribution to climate change remains questionable, *EOS Transactions*, 1999, 1.

Soumyananda D. , Environmental Kuznets Curve hypothesis: a survey, *Ecological Economics*, 2004, 49 (4).

Simone B. , Federico M. P. , & Enzo T. , The problem of assigning responsibility for greenhouse gas emissions. *Ecological Economics*, 2004.

Thomas J. S. , International trade and protection of the environment the continuing search for reconciliation, *Journal of International Law*, 1997, (2).

Tolmasquim M. T. & Machado G. , Energy and carbon embodied in the international trade of Brazil. *Mitigation and Adaptation Strategies for*

Global Change, 2003, (2).

US Congress, 111th Congress (H. R, 2454), An Act to Create Clean Energy Jobs, Achieve Energy Independence, Reduce Global Warning Pollution and Transition to a Clean Energy Economy, *US Congress*, 2009.

Vandenberg M. P., Climate change: the china problem. *Southern California Law Review*, 2008, 81.

Woerdman E., Arcuri A., & Clò S., Emissions trading and the polluter – pays principle: do polluters pay under grandfathering?, *University of Goningen Faculty of Law Research Paper*, 2007 (1).

World Bank. International trade and climate change: economic, *Legal and Institutional Perspective*, 2008.

The Boxer – Lieberman – Warner Climate Security Act Substitute Amendment, http://www.nrdc.org/legislation/factsheets/leg_07121101A.pdf, 5/1/2013.

图书在版编目（CIP）数据

新时代背景下碳泄漏的法律规制：理论逻辑与实现路径／姜明著.—北京：中国法制出版社，2019.8
（上海政法学院学术文库．环境资源法学丛书）
ISBN 978-7-5216-0435-1

Ⅰ.①新… Ⅱ.①姜… Ⅲ.①二氧化碳-排气-法律-研究-世界 Ⅳ.①D912.64

中国版本图书馆CIP数据核字（2019）第169893号

责任编辑 陈兴（cx_legal@163.com） 孙静　　封面设计 杨鑫宇

新时代背景下碳泄漏的法律规制：理论逻辑与实现路径

XINSHIDAI BEIJINGXIA TAN XIELOU DE FALÜ GUIZHI：LILUN LUOJI YU SHIXIAN LUJING

著者/姜明

经销/新华书店

印刷/北京京华虎彩印刷有限公司

开本/640毫米×960毫米 16开　　印张／10.5 字数／200千

版次/2019年8月第1版　　2019年8月第1次印刷

中国法制出版社出版

书号 ISBN 978-7-5216-0435-1　　定价：59.00元

北京西单横二条2号

邮政编码 100031　　传真：010-66031119

网址：http：//www.zgfzs.com　　**编辑部电话：010-66010405**

市场营销部电话：010-66033393　　**邮购部电话：010-66033288**

（如有印装质量问题，请与本社印务部联系调换。电话：010-66032926）